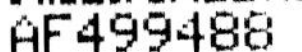

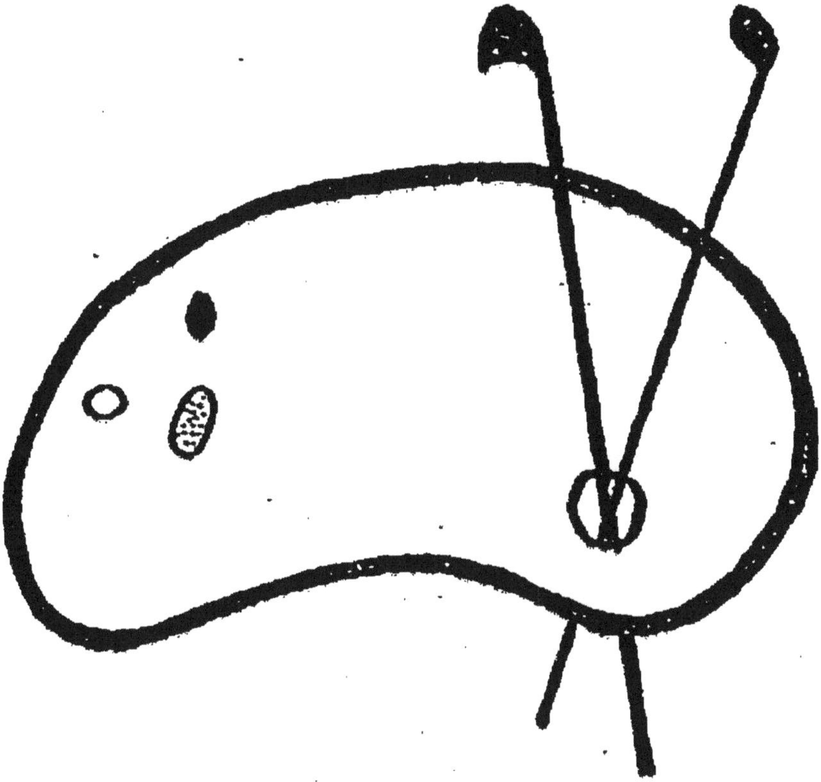

COUVERTURE SUPERIEURE ET INFERIEURE
EN COULEUR

Henri GAILLARD

LE JUGEMENT DU SILENCE

(Histoire de l'heure présente)

PREMIÈRE ÉDITION

PARIS

ÉDITION DE LA "*République de Demain*"

111 ter, rue d'Alésia

1899

Pour paraître prochainement

DU MÊME AUTEUR :

Passions Silencieuses

ROMAN

PRIX : 2 Francs

LE
JUGEMENT DU SILENCE

(Histoire de l'heure présente)

Henri GAILLARD

LE JUGEMENT DU SILENCE

(Histoire de l'heure présente)

PREMIÈRE ÉDITION

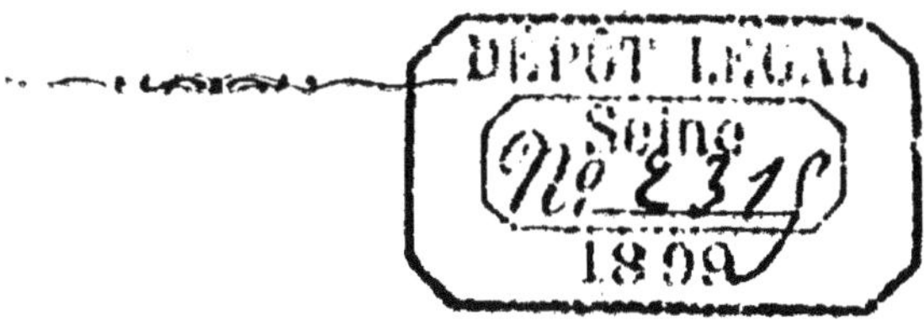

PARIS

Édition de la "*République de Demain*"

111 ter, rue d'Alésia

1899

L'INDICATION ÉLECTORALE

(1898)

La grande voix de la France a parlé par l'organe du suffrage universel. Cette voix s'est exprimée partout très librement. Dans la multitude des députés élus, nous trouvons la personnification même de l'esprit français, son esprit de caprice et d'ironie parfois, son âme de justice toujours. Tous ceux qui ont été nommés étaient dignes de l'être, car il ne viendra à personne, excepté aux grincheux, de suspecter la sincérité des élections faites par le peuple de France. Le peuple sait toujours ce qu'il fait et ce qu'il veut. On peut dire, il est vrai, que, dans certaines provinces perdues, les consciences, comme les votes sont facilement achetables et achetées, mais il est inadmissible que les candidats aient assez d'argent à jeter et que les électeurs soient assez nombreux pour recevoir. Même parmi ceux qui se donnent le luxe de se payer des voix, il y en a toujours qui réussissent parce qu'ils ont fait quelque chose de généreux, de profitable aux électeurs, plus que de vagues promesses impossibles à réaliser, parce qu'ils ont fait un peu de bien autour d'eux, parce qu'ils ont même fait obtenir des places, des situations. L'essentiel, c'est de vouloir et d'arriver à rendre le plus d'hommes possibles heureux, même parmi ses adversaires; cela augmente ses partisans et contribue à assurer la vie plus large de fraternité et de bonté, qui doit être le but général de tous. Aussi, au lieu d'être jaloux des hommes arrivés, on devrait plutôt contribuer à les aider, à les conseiller à profiter de ce qu'ils sont dans la place pour parvenir à leur suite et amener d'autres derrière soi. Ne croyez pas qu'il y aura encombrement. Il y a de la place en France; il suffit de savoir la mesurer à ceux qui viennent et de se la mesurer à soi-même.

C'est, sans doute, trop demander au politicien. Mais c'est cet esprit de sacrifice, de renoncement à certaines choses toujours écrasantes à la fin et dont la dispersion serait un allégement pour leurs possesseurs et un bonheur pour les affamés d'emplois qu'il faut voir régner dans les sphères parlementaires.

En donnant à tous une part de l'œuvre commune, de la large besogne de civilisation et d'industrie du monde qui va poindre en l'aurore de 1900, on fera la pacification sociale, et en diminuant le surmenage des uns pour reporter leur excès de travail aux oisifs de la richesse ou de la pauvreté, on établira un équilibre d'existence belle et douce, fort possible, plus possible que les chimères du collectivisme égalitaire. C'est donc la conciliation qui doit prévaloir, l'entente entre toutes les convictions, si opposées fussent-elles, pourvu qu'elles soient sincères et raisonnables, et par raisonnables nous entendons opportunistes, c'est-à-dire se pliant aux nécessités du moment, s'adoucissant devant les résistances des misonéistes, de ceux qu'effarouchent les choses nouvelles, s'imposant simplement par infiltration des idées, par évolution des faits, par amélioration des lois, ou plus simplement par la fatalité inexorable, la projection droite et nette à travers le temps de la force des choses éternelles et puissantes.

Le monde marche sans cesse. Personne ne peut réagir. Tout au plus des Bonaparte peuvent-ils occasionner un arrêt. Mais on avance toujours. Et les Bonaparte eux-mêmes ne peuvent s'opposer au progrès. Ils l'assurent parfois. Le rétrograde s'en va dans le passé pour lequel on n'a plus qu'une affection de dilettante. Tout marche, insensiblement. L'agitation des partis, les scandales de la nécessité de vivre, l'obstination de la routine, le dérivatif des guerres, tout cela n'y fait rien. La science, qui n'a pas fait banqueroute, poursuit son œuvre lente de bonté et de justice. Elle seule est réformatrice, bouleversante. Mais par progression, par éducation hautaine des cerveaux, par saine moralisation des cœurs.

Nous changeons donc et nous changerons.

Sans secousse.

Ce qu'il y a de plus révolutionnaire en France et ce qu'il y a de plus conservateur aussi c'est le peuple.

Cela s'exprime très simplement par le spectacle que donne la division des partis à la Chambre.

D'un côté les radicaux avec les socialistes, de l'autre les modérés avec les royalistes et bonapartistes.

Pour ces derniers je ne veux pas employer la qualification de réactionnaires, parce que de réactionnaires, il n'y en a pas en France. Cela est indigne de l'esprit français. Il peut y avoir des opposants que heurtent l'avènement des choses nouvelles, mais même sous le Roy et sous l'Empereur, le plus royaliste que le Roi, le plus impérialiste que l'empereur, toujours arrivera à s'accoutumer au progrès, à désirer des perfectionnements des lois pourvu que ses convictions ne soient pas froissées.

La situation se simplifie encore une fois fort clairement. Premier camp : radicaux-socialistes; second camp : progressistes-conservateurs.

J'en extirpe une secte qui est une honte pour tout pays civilisé et qui a pourtant sa signification et son excuse, comme on le verra : le groupe anti-juifs.

Et j'ai la joie de rencontrer dans les deux camps des hommes qui sont bien à leur place, des revenants qu'il fallait faire revenir. comme Paul de Cassagnac et Paul Déroulède, mais j'ai le chagrin d'y constater l'absence d'hommes comme Jaurès, Guesde et Clémenceau.

Car ce qu'il faut à un Parlement, — tant que le système parlementaire sera la base constitutionnelle d'un pays, — c'est avec des majorités, caractérisées et distinctes, et une petite minorité qui fait bascule (comme les nationalistes), c'est d'avoir par ci par là des figures d'opposition irréductible au gouvernement établi, dont la virulence de langage, la fougue des idées soit un stimulant, fouette en un mot l'inertie des représentants, la nonchalance des gouvernements. et qui veillent implacablement à ce qu'il ne se commette pas d'abus ni d'injustice.

Mais il faut que cette opposition soit sincère, dictée par le souci du bien et du vrai. A l'opposition acharnée, déréglée de l'esprit de parti, il est nécessaire de mettre un frein. C'est l'ouvrage des majorités toujours, des gouvernements parfois.

Si nous approuvons l'opposition sérieuse, ardenteet crâne, bien française, nous sommes à cent lieues d'accorder la moindre sympathie au groupe qu'on a surnommé anti-juif. La fortune subite de ce parti forgé par la plume d'un pamphlétaire de talent serait pour dérouter, pour faire désespérer de l'esprit de générosité et de tolérance du peuple de France, si l'on ne savait qu'il a pris naissance sou l'œil des barbares, dans l'élément hétéroclite et violent du fanatisme des Espagnols et des Italiens de bas-étages qui vivent de notre beau sol d'Algérie sous le couvert de la naturalisation française et qui en composent la presque complète population, alors que de vrais Français ne savent que faire dans la métropole de leurs bras et de leurs cerveaux. L'histoire dira encore que s'en prendre aux Juifs des maux sociaux d'une époque a été et sera une grande erreur et une profonde injustice. Les Israélites étant en grand nombre plus travailleurs, plus tenaces et persévérants que les autres, réussiront toujours et toujours accapareront l'argent.

Ils savent bien que c'est la seule force sociale qui donne le pouvoir. Mais ils ne sont pas seuls à réussir. Ce serait faire injure aux Chrétiens que de les croire inaptes à gagner de l'argent, ceci dans le sens populaire et grandiose du mot. Pourquoi donc menacer les grandes fortunes juives plus que les opulences chrétiennes ? Si c'est là l'idée fixe de Drumont, ce ne peut être celle des électeurs qui ont voté pour lui et ses satellites. Tous, miséreux, opprimés ou spoliés, ont simplement voulu protester contre la perpétuité de leur misère et de la tyrannie civile et militaire. C'est que de France on ne fait pas assez attention à ce qui se passe dans nos Colonies, notre Empire précieux pourtant. Et là est l'explication de cette foule de libres-penseurs votant pour le catholique Drumont. On a nommé un révolté de haute allure, et ne faisant pas craindre l'établissement du communisme, mais présageant simplement, par la certitude que l'on a de le voir agir en haut lieu, une amélioration de l'état des choses. Drumont a déjà prouvé qu'il savait «user de son influence». C'est là l'essentiel. Quant à sa haine contre les Juifs, quant à sa volonté de les exterminer, dans notre pays de Révolution française, cela fera sourire, tout bonnement. On n'a pas à s'inquiéter, mais à veiller, à travailler pour le bien et le juste.

Je conclus donc que les élections ont été très bonnes. Les mandataires de la France, bien que très divisés, ont inauguré leur règne par l'élection d'un homme enfin à la présidence de leurs débats. Un homme de pensée recueillie et de pensée agissante, comme Paul Deschanel était bien à sa place à la première magistrature d'action de notre pays. Il n'y a donc pas à désespérer de l'avenir. Et s'il est regrettable que la magistrature suprême de la République soit obligée à être passive, expectante et obéissante, lorsqu'un homme aussi, comme Félix Faure, en a le lourd fardeau, tout est en train de marcher. Rien ne le prouve mieux que l'appel de M. Brisson à la présidence du Conseil et cette orientation de

M. Brisson vers le programme modéré; que M. Brisson tombe demain, qu'un autre le remplace, toujours il faudra qu'il soit modéré, mais fermement et résolument progressiste, mais il faudra aussi que les Chambres ne perdent pas leur temps en discussions stériles, en interpellations annihilantes, il faudra qu'elles poussent plus en avant et qu'elles fassent fi des doléances des ministrables, qu'elle ne prêtent leur attention qu'aux hommes de science et d'affaires utiles.

Comme cela on ira vers l'avenir,
Lumineux et splendide, sûrement.

L'Esprit d'Arcueil

L'ESPRIT D'ARCUEIL

C'était une école qui montait. On croyait, à voir ces jeunes enfants, alertes et sveltes, qui, certains soirs de dimanche, mettent une fraîche animation, une animation qui fait penser, dans les sous-sols de la gare Gay-Lussac-Sceaux, on croyait qu'ils s'en allaient sans trop d'ennui, avec beaucoup d'espoir, qu'ils s'en allaient là-bas pour être, pour devenir des hommes. Et la robe blanche de saint Dominique, cette robe jadis sinistre malgré son éclatante pureté, cette robe qui sema l'épouvante dans la nuit des siècles révolus, cette robe magnifique et fière, se dressait, l'attitude toujours hautaine cependant, en une posture de bonté et de paix, tandis que le geste élargi des bras, protecteur et stimulant, semblait pousser toute cette jeunesse, à elle confiée, vers les voies de science saine et féconde, de travail fraternel et chrétien, seul salut de l'avenir. Et l'on se réjouissait dans la patrie reconstituée et apaisée de cette transformation glorieuse, de cette humanité enfin de l'ordre honni et redoutable. — Et voilà que dans cette crise honteuse où les intérêts de caste se battent avec les idées de justice, et font un tumulte hideux, et entredéchirent les meilleurs, dissipent de vitales et trop nationales énergies, l'Ordre se recampe en bataille, soutient un principe du Moyen Age, que le colosse écroulé, Bismarck, seul imposa à ce siècle de transition : la force abolissant le droit. — O Révérend Père Didon, de nom si beau, de notoriété admirée, ceux qui vous aiment, qui désiraient votre parole ardente, et claire, et française au service des causes de rédemption et de générosité, pleurent de voir que vous méconnaissez les enseignements du

Divin Maître, qui ne voulait pas q'on tue, qui faisait rentrer le glaive au fourreau. Et la croix, ce symbole de concorde et d'espoir, que vous dressez au-dessus des foules, en si belle envergure, cette croix qui vous magnifierait sur le socle de la postérité, se voile d'un crêpe et s'obscurcit, se subtilisera par un miracle de Dieu qui vous effraiera vous-même. Prenez garde qu'à la place, au jour de la monstrueuse réalisation de vos théories, vous ne trouviez une masse grossière, barbare et dégoulinant le sang. Ce sera votre écroulement, et avec plus de terreur que Caïn vous entendrez la malédiction de l'Eternel.

Bismarck

BISMARCK

Quel fracas! Les assises du monde en branlent encore! Et c'est dans les airs et sur les mers un retentissement de métal et de fer, s'écroulant des hauteurs surhumaines. Et cela vient d'une solitude, d'une aire perchée dans des forêts! Qui est-ce? un homme? un monstre? un dieu? un démon? Non. Une idée, un symbole, une humanité qui disparaît pour toujours. Napoléon fut l'incarnation des parvenus de force et de poigne, au rude coup de botte éperonnée, dominant un peuple, dominant le monde par la pique des prétoriens; Napoléon fut le dernier, l'ultime épanouissement du césarisme; Bismarck, c'est le féodalisme, le seigneur, vassal du suzerain, se dévouant pour lui, travaillant pour lui, voulant le pays du roi très fort et très puissant, et très agrandi, et voulant que son roi, son maître, puisse ceindre sur son front la couronne d'Empereur et triompher entre les rois de la terre et les humilier; Bismarck, c'est l'inflexible baron, hautain et froid, exigeant les hommes courbés dans le servage très humble, ou poussés par l'alcool, les filles et les pipes vers les batailles meurtrières, les tueries inlassables, où lui, le loyal serviteur, et l'autre le maître impavide vibreront de la jouissance des bruits d'armes, des cris de terreur et de mort, des gémissements des blessés et de la joie de la défaite enfin infligée, chassant l'adversaire en un éperdument d'épouvante, tandis que les soldats, les brutes soldées, tous les esclaves, hurleront des vivats de victoire et de conquête. Bismarck fut la dernière manifestation de cette brutalité sociale. Il fit l'Allemagne grande, il fit Guillaume empereur. Et parce qu'il réalisa ce rêve, cet atavisme d'une longue génération d'hommes de féodalité et de fer, le monde entier, quoi qu'il prétende, est dans l'effroi, est dans la peur des guerres, et se ruine en armements pour éviter la guerre. Vaines terreurs, imaginations puériles! Le féodalisme est mort, le césarisme est mort; morte aussi la puissance temporelle des papes. En allés, tous les vieux systèmes, tous les cauchemars douloureux de la vie. Le monde se dirige de plus en plus vers la participation des peuples aux affaires publiques, vers l'affranchissement des intelligences, vers l'avènement de la justice et du bien-être. Ne vous lamentez pas des crises! Bismarck descend dans la fosse de tranquillité éternelle quand le jeune principe de liberté et de labeur monte dans la gloire, sous les plis du drapeau étoilé des Etats-Unis. Peuples, inclinez-vous de l'un et de l'autre côté, et respectez le doigt de Dieu. Votre route se trace toujours. En avant! L'index de Dieu vous montre la droite ligne!

Départ

DÉPART

Si hautain que l'on soit, si dégagé des choses de nature, si spiritualisé, fluidisé dans une intellectualité qui veut planer au-dessus du matériel des besoins, du réel des souffrances, l'orgueil doit courber le front, la bête humaine doit reprendre ses droits sur l'homme. Il faut partir au lieu que Dieu vous réserve toujours pour vous faire mieux sentir, dans le calme et le recueillement, la toute-puissance de sa force et de sa volonté souveraines.

En ce moment, il nous accable de chaleur d'une chaleur tropicale! Et les penseurs ne peuvent penser, et les écrivains ne peuvent écrire ! Lisez-les en ce moment. Eux aussi succombent ! Puisque tel est le vouloir divin, ô mon esprit! ô mon cerveau! que vous vous reposiez, partons, allons rêver dans les solitudes, allons prendre un bain d'énergique vigueur dans la belle nature, au grand air, sous les étoiles. Et toi, Paris, reste tranquille. Assoupis-toi dans ta force, n'ait qu'un doux balancement qui fasse rutiler les flots bleus et rouges, sous le soleil des futures moissons.

Nicolas le Pacifique

NICOLAS LE PACIFIQUE

Celui-là est immortel entre les immortels et sera béni entre les bénis ! Jouissant de la plus redoutable des autorités humaines et de la plus terrible des responsabilités devant Dieu, despote absolu de par la tradition séculaire, parce que soutenue par les hommes d'armes et les hommes de rites et tolérée par la soumission des masses, il pourrait à son gré déchaîner la guerre sur l'immense Europe en armes, et, avec ses millions de géants formidables sur des chevaux intrépides, voir la victoire couronner sa gloire de guerrier. Mais non. Il sent la profonde détresse du triomphe militaire, et combien vain, et combien inutile, et combien éphémère. Il se dit que tuer, toujours tuer des multitudes d'innocents pour la satisfaction d'un amour-propre mal placé, pour le règlement de différends territoriaux, de questions économiques embrouillées, est monstrueux, indigne de l'homme. Et parce qu'il est homme entre les hommes, étant le plus puissant d'entre eux, le plus près de Dieu, il rougit, il a le cœur gros de ce que font, de ce qu'ont fait les hommes, et qui paraîtra vraiment abominable à la postérité, et il devance l'avenir, il offre les voies de paix, il a confiance dans l'avènement des intelligences humaines à la pleine conscience d'elles-mêmes, à la compréhension parfaite des choses de raison et de justice. Ne souriez pas, ô politiques qui faites les malins; ô politiques, fléaux de l'humanité! Cela viendra, cela vient. Les hommes se lèvent, vont à la fraternité, malgré les fanatiques qui font surgir les haines de race. Les élites de cœur et de cerveau deviennent légions. Et n'étaient les rivalités causées par l'implacable lutte pour la vie, la paix serait complète dans toutes les âmes. Mais avec le désarmement viendra le bien-être, car on pourra faire autre chose, on pourra assigner à chacun une meilleure place au soleil, davantage donner l'essor des facultés. *Bodje Tzar Krani!* Ce sera désormais l'alleluia des hommes !

Parce qu'on aura le travail dans la paix, la concorde viendra. Plus de querelles, plus de jalousies. Cela existe déjà un peu partout. Je le vois ici, dans ce village de Lorraine allemande. Je l'ai vu en Amérique. Laissez faire, vous dis-je, les politiques ! Le plan de Dieu s'achève, les hommes obéissent. Guillaume, empereur d'Allemagne, qui est un large cœur et un puissant cerveau, s'en va en Palestine. J'ose espérer que, lui aussi, saura méditer dans le Jardin des Oliviers, que dans un bel élan il arrachera une branche de l'un des arbustes et que dans un geste de sublime beauté il le présentera au monde réconcilié.

Toi, ma chère France, sois heureuse et sois glorieuse ! C'est toi qui a inspiré cette belle diée, car toutes les idées viennent de toi ! Mais la fatalité n'a pas permis que tu l'appliques. C'est ton noble ami, le Czar des Russies qui a une de tes audaces généreuses. Sois tranquille, tu les auras, tes chères provinces perdues, que je visite en ce moment, et qui me surprennent par leur immuable fidélité, alors qu'elles ont plus de tranquillité et de liberté qu'en France!

Cela viendra simplement par la force des choses, par la volonté d'amour! Encore une fois, je vous le dis, ne vous occupez pas des politiques. Le Czar a lancé l'idée. Elle est déjà enracinée dans la plupart des esprits. Laissez-la germer, laisser-la mûrir. Cela demande du temps, mais qu'est le temps quand on y songe. Comme il passe!

Et l'idée de Nicolas le Pacifique se réalisera à l'heure que Dieu sonnera. En attendant, Nicolas le Pacifique, et son admirable épouse, peuvent se consacrer au bonheur de leurs sujets, au développement du progrès dans leurs immenses territoires. S'ils ont conquis l'amour de leurs peuples, l'inutilité des armées permanentes sera démontrée, et les guerres subitement imprévues seront aisément parées!

Saarburg.

Sourd-Muet au Théâtre

SOURD-MUET
AU THÉATRE

Un sourd-muet au théâtre cela semblera chose extraordinaire. C'est pourtant un fait de la vie. Il n'est pas rare que l'on rencontre dans tous les lieux de spectacles des Silencieux. Ici c'est le prestige de la féerie, là l'imprévu du cirque, ailleurs la curiosité du décor et du costume, la troublance des mouvements féminins, l'attirance de la danse, et souvent ce stimulant de la devination qu'est le jeu de l'acteur lorsque sa déclamation ou son chant s'éclaire de l'envolement superbe du geste et de l'expression intelligente de la physionomie. Toute cette joie des yeux fait donc venir le Sourd-Muet. Les pièces les plus discutées gagneraient donc à être soumises en dernier appel à son jugement. Nous irons voir et étudier dans les théâtres et les concerts chaque fois que leurs directeurs voudront bien nous faire le service de deux places au moins.

Mais ce qui méritera le plus notre attention, c'est le théâtre dans un fauteuil, c'est le théâtre lu, le théâtre écrit : comédie, tragédie, drame. C'est là que nous vivrons le mieux avec les personnages. C'est là que nous comprendrons en ses plus insaisissables nuances la pensée de l'auteur, l'idée maitresse de son œuvre, et si elle nous émeut, parce que vivante, humaine et martelée de langue belle et vraie, nous le dirons en toute franchise.

Qu'on nous envoie donc le théâtre imprimé.

Terre de Lorraine

TERRE DE LORRAINE

I

LORRAINE FRANÇAISE

Me voici à Nancy. Et ce m'est tout de suite une stupeur qui se change en admiration. La ville, dans ses parties essentielles, dans ses rues du commerce, dans son *point central*, selon l'expression du lieu, est quelconque, encore que se détachent par ci par là des murs d'une orginalité rare d'autrefois, portant une patine historique. Mais c'est dans le centre, dans la vieille ville, dans la ville de Stanislas que surgit l'étonnement, qu'éclate l'éblouissement. Quel grand architecte vraiment, cet Emmanuel Héré! Quelles lignes pures, claires et nettes dans le soleil, mettant en valeur la richesse de la pierre ! Et quel glorieux et utile collaborateur il eut dans ce merveilleux ouvrier du fer, Jean Lamour, génial serrurier d'art, dotant sa ville de balcons, de grilles, aux dorures étincelantes, chef-d'œuvre inconnus ailleurs ! Et amenant la création de la Pépinière, cette promenade sans pareille, immense et pourtant trop pleine, aux arbres gigantesques, superbes et ombreux, antiques et vénérables, tandis que de fraîches pelouses valonnent vers des massifs de fleurs, bien venues aux parfums d'une tiédeur mouillée. Et le petit jardin zoologique, aux jolies bêtes mêlées ensemble, kangouroos avec faisans et paons, biches avec autruches, quelle réalisation de fraternité d'êtres il nous enseigne. Mais tout, dans Nancy, enseigne la fraternité, la bonté, et la beauté : Capitale de Lorraine, à la double croix blanche, tu es un symbole. Symbole de paix et d'amour ! La petite croix qui s'ajoute à ta grande croix prouve que tu affirmes et pratiques la devise de Christ ! Et non pas seulement toi, noble ville, toi, sublime pays de Lorraine, toi avec tes habitants, si braves et généreux, avec tes femmes, toutes très belles, et très bonnes, malgré une nervosité vibrante et passant vite, mais encore avec le souvenir de ceux qui surent te gouverner, t'agrandir et te faire prospérer, de ceux qui firent rutiler ton blason dans la défaite de ce troubleur de concorde et de travail que fut Le Téméraire, cet invincible Charles de Bourgogne.

Et il faut aller au Palais Ducal, dans ce musée du passé de Lorraine, fondé des donations réunies de la France et de l'Autriche, pour comprendre la gloire, la longue tradition d'art et de bonté de cette province très grande et très puissante !

Cependant, c'est dans la chapelle des Cordeliers, austère et froide, que l'émotion vous étreint. Que cela fut beau et fier et que cela est néant ! Ils sont là, couchés dans ces tombeaux, tous les ducs de Lorraine, et toutes leurs duchesses, desquelles plusieurs furent impératrices d'Autriche ! et d'autres, reines de France ! parce que, en Lorraine, grandes et petites, toutes les femmes sont belles, plus que sous d'autres cieux de la beauté du galbe, de la finesse des traits, de la fierté du front, de la grâce du sourire, et de l'éclair des yeux, et de l'opulence de la chevelure. Mais quand on songe qu'il faut vivre et qu'il faut mourir, on envie ces vies mortes! On sait qu'elles furent bien employées, que la vie des femmes se passa à être, selon les fins de Dieu, joie et consolation, joie de la chair et consolation des âmes endolories, et que la vie des hommes, tels que René II, tels que Léopold, fut toute consacrée au respect de la paix par la bravoure de l'épée, et, surtout au bien des peuples par l'édiction de coutumes et lois libérales et sages, protectrices du commerce et du labeur, son corollaire, par des perfectionnements de la vie sociale, par l'amélioration du sort des humbles et des affligés.

Et l'on comprend, et l'on s'incline respectueusement, devant le Mausolée élevé par la Lorraine reconnaissante à Léopold! Et l'on comprend, et l'on s'incline, lorsque l'on va dehors, devant la statue de si triomphale allure équestre du bon roi René! Et l'on comprend, et l'on s'incline, lorsqu'on revient sur la place Stanislas, devant la statue de Stanislas! Et l'on comprend, et l'on s'incline, lorsque passant sur le cours Léopold, on se trouve dans les temps modernes, devant l'obélisque érigé à Carnot, en souvenir de son entrevue avec le duc Constantin de Russie, entrevue qui prépara l'Alliance pour la paix et le travail ! O Lorraine d'autrefois ! O Lorraine d'aujourd'hui ! Vous êtes un symbole, symbole de paix et d'amour ! Et s'il y a tant de soldats sur votre territoire, du moins n'ont-ils pas l'air brute et rustaud de ceux qu'on voit ailleurs. Ils ont la martialité et l'intelligence de l'avant-garde de France, que tu pétris un peu à ta guise, Lorraine ! Et s'ils veillent sur la frontière, à l'ombre de l'étendard de la grande Lorraine, de la grande Française, Jeanne d'Arc, ils ont aussi l'air d'être sur le seuil des temps nouveaux, des temps prochains de pacification universelle et d'allégresse chrétienne !

Lauterfingen

II

LORRAINE ALLEMANDE

Le train vient de filer rapidement entre des terres de végétation luxuriante, entre des bois, de fraîche verdure, toute la richesse de l'agricole Lorraine. Il s'arrête brusquement à Moncel, et, sous l'œil impassible des derniers *gens* d'armes français, on passe dans un train allemand.

Et, de prime abord, on est surpris par l'exquise politesse de l'employé de la Compagnie allemande ; cela n'est pas si fréquent sur les lignes françaises.

Chambrey ! Et le premier casque à pointe rutile sur une face ronde et souriante de gros gendarme prussien, tandis que des employés de douane aux longues barbes bavaroises vous font descendre, vous indiquent la salle d'inspection. Ils ne vous tracassent pas, explorent tout d'un coup d'œil. Seulement, comme j'ai

3.

un tas énorme de journaux et de livres, c'est là-dedans qu'on fouille. Les journaux surtout sont tournés et retournés !

Enfin, satisfait, le douanier ferme la malle, y appose la petite croix à la craie qui vous donne la franchise d'entrer en Allemagne avec armes et bagages.

Mes armes, oui ; ma plume, mes livres, mes journaux ! Soldat de la pensée, il me semble que je ne suis pas à craindre dans ce pays de Gœthe, le plus grand des penseurs humains !

Mais, suis-je bien en Allemagne ? Tout me le fait croire : le compartiment où je suis, mieux aménagé qu'en France, avec son *abort* indispensable et propre ; les gares, où tous les noms de lieux sont germanisés ; où l'aigle du *Kaiser* met son éploiement noir sur les murs ; où les chefs de gare portent de hautes casquettes rouges, bordées d'un double galon de bleu avec, au milieu, la petite cocarde d'Allemagne.

Mais les champs, mais les houblonnières, mais les grands bœufs qui paisent au loin, mais ces femmes aux cornettes blanches, mais ces hommes maigres et secs, toujours travaillant ensemble : l'époux et l'épouse, tout cela, on dirait que c'est toujours l'émanation de la terre de France !

Pays conquis !

Cela se sent, cela vient du balsamique des prés, de l'arome aphrodisiaque des foins coupés. Cela se lit sur toutes les figures que l'on rencontre.

Oui, c'est de la France !

De la France perdue !

Et le cœur se tord dans une inexprimable angoisse !

Quelle imagination que l'on veuille se faire d'être en Allemagne, on ne peut y arriver !

Nous passons Château-Salins, vieille ville française, et débarquons à Bensdorf, gare militaire, aux embranchements multiples, pouvant d'un seul lancement de locomotives mobiliser toute une armée sur la frontière.

Mais pas l'ombre d'un soldat. Un seul gendarme, casqué à pointe.

Au buffet de la gare, c'est bien allemand, et il faut s'exprimer dans le parler germain. Pourtant, il y a là une bonne grosse vieille qui, de ses mains tremblantes, écrit en français. C'est une ancienne, du temps de la patrie. Elle a l'air bien triste. Ses enfants et petits-enfants sont très germanisés, sans toutefois avoir perdu l'usage de la langue maternelle.

Nous changeons de train, et en un quart d'heure, à travers un beau paysage de bois et de prés, nous sommes déposés à Loudrefing, seconde étape de notre voyage.

Ce n'est pas un village fait à souhait pour le plaisir des yeux. Il n'a rien de riant. Il est simple et propre, bâti dans le modèle des habitations paysannes, aux longs toits en pentes couverts de brique, l'étable et la porcherie, près du couloir d'entrée, ayant, d'un côté, la vaste grange, de l'autre des chambres possédant presques toutes un lit, et ornées exclusivement de portraits de famille et d'images coloriées, encadrées dévotement, de la Vierge, de Jésus, de Joseph, de Jean et d'Elisabeth et de Christophe, saints populaires en cette partie de Lorraine.

Pour peu qu'on ait l'âme fatiguée, torturée, désireuse de calme, on se sent tout de suite à l'aise dans ces intérieurs, bien que contrarié un brin dans ses habitudes de confort moderne.

Tous les habitants sont d'un abord fraternel

et gai, d'une hospitalité large, d'une bonté généreuse, d'une affection prenante.

C'est presque une grande famille de sept cents personnes ayant entre elles des relations de cousinage plus ou moins éloigné, mais vivant en parfaite harmonie dans le travail et dans la paix.

On y patoise allemand dans toutes les conversations courantes. Ce sont cependant des anciens Français, ayant opté par la force des situations acquises, voulant conserver leurs terres même sous la domination étrangère. Tous les anciens et ceux de l'âge mûr s'expriment purement en français. Mais les enfants, les pauvres enfants, cet espoir de l'avenir, hélas ! s'ils n'ont pas de parents riches pouvant les mettre en des pensions où les deux langues sont enseignées parallèlement, ils sont condamnés à parler allemand. C'est en somme la langue de leurs pères, car, même lorsqu'ils étaient à la France, même maintenant qu'ils aiment toujours et regrettent la France, tous ces annexés ont une prédilection particulière pour l'expression teutonne. Et l'on sait que cela fut un des principaux arguments de Bismarck pour exiger la cession de cette terre française.

J'interroge plusieurs d'entre eux. Aiment-ils la France? Oui. Très fermement? Oui. Se plaignent-ils de la Prusse? Non. Les impôts sont moins lourds. On les laisse très libres et très tranquilles.

C'est insondable.

Mais je suis allé au fond. Ce que j'ai trouvé, je ne pourrai le dire que dans une œuvre profonde comme le cœur de ces braves gens et saine comme l'atmosphère où ils vivent.

Ce qui est terrifiant, c'est qu'ils ont des frères, des cousins qui servent la France. Et eux, leurs fils, sont très recherchés par les recruteurs prussiens. Sous l'uniforme de ulhan ou de tirailleur westphalien ils ont vraiment bel air et martiale figure.

L'un deux me montre une immense photographie représentant tous les soldats et officiers du régiment d'artillerie, en garnison à Berlin, où il a servi. Physionomies d'intellectualité assez indistincte, un peu de dures, un peu de brutes, un peu d'alertes. Mais dans le fond, il y a d'énormes canons, de gigantesques obus.

Sur l'un d'eux, le plus gros et le plus long, ces mots qui me crispent le cœur :

« *Pour Paris!* »

Très tristement, je lui demande ce qu'il devait penser à la caserne de ce défi jeté à la capitale de la patrie de ses aïeux.

D'un air où il entre de la soumission au devoir et de l'indifférence, il me répond :

— Mais vous aussi, vous en avez de l'artillerie de forteresse.

Je crois qu'il veut me flatter. Mais je suis tout frémissant, éperdu d'épouvante.

Car celui-là, c'est un frère. Et il ne me convient pas de faire le bravache. Et je m'en vais pensif.

A quelques jours de là, on nous signale, dès le matin, que des régiments prussiens traversent le village, s'en allant de Hagueneau à Dieuze, pour des manœuvres.

Je m'empresse d'aller voir. Justement, un bataillon d'artillerie est au repos. Les deux officiers qui commandent la troupe sont assis sur un banc contre le mur du *Wirtschafft* de l'endroit. Ma Dame et moi nous nous arrêtons curieusement, causant par la dactylologie. On nous regarde, les officiers surtout. Mais je trouve que stationner comme ça est inconverant, a presque une allure de défi. Et je veux entrer chez le débitant, des fenêtres duquel on pourra mieux voir. Il nous faut passer devant les officiers qui sont précisément sous la fenêtre. Je lève mon chapeau, ils rendent le salut avec une parfaite distinction militaire. Comme je reste sur le seuil de la porte examinant les troupes, je vois une espèce de grand escogriffe qui rigole avec ses camarades impassibles. Visiblement, il se moque de nous. Mais tout à coup l'un des officiers l'interpelle. L'autre, tout de suite, très rouge, est au port d'armes. Quelques observations très brèves de l'officier. L'index, très dur, tendu. Et le bêta rentre dans le rang tout penaud. Pendant ce temps, ma Dame, avec la hardiesse des jolies femmes, façonnées par Paris, parle en français à l'autre officier, un jeune blond, de face très aristocratique. Il veut bien répondre. Je me mêle à la conversation. Et il écrit en français impeccable. Mais arrive le moment du départ. Ils montent en selle et droits sur les étriers nous font un salut souriant et charmant. La troupe s'ébranle, la légère artillerie passe au galop, les soldats très froids, quelques-uns fumant la pipe. Des têtes de Huns s'accusent de distance en distance, avec des regards farouches. Une nouvelle angoisse m'oppresse. Et lorsque le régiment a disparu, là-bas, vers la France, dans un nuage de poussière, on m'apporte le *Lorrain*, et, en quelques lignes, j'y vois annoncée la proposition de Nicolas de Russie pour le désarmement. Je respire. Nicolas et Guillaume sont des maîtres d'armées. Mais ce sont des intellectuels! Allons, à l'œuvre, intellectuels, tant honnis, tant bafoués; allons, préparez la paix, et détruisez la guerre!

Il y a de l'espoir dans l'air.

Miderge

III

METZ LA SOUILLÉE

Depuis Loudrefing toutes les localités que le train traverse n'arborent plus leurs noms français, leurs noms séculaires, clairs et cristallins. L'implacable volonté de germanisation prussienne leur fait afficher des noms aux dures et rauques désinences qui dérouteraient les voyageurs non familiarisés avec ces régions. Mais tout à coup un nom sonne, éclate, maintient sa ténacité française, sa rébellion superbe au tortionnement de la traduction tudesque, son indépendance de mot de France : Baudrecourt. Puis Remilly, puis Peltre, d'héroïque mémoire. Enfin, en voilà des noms d'accent français, inaccessibles à l'estropiement dans le parler germain, interrassables, de ceux qu'il faut plutôt déraciner ! Des enseignes françaises : hôtel, marchand de vin, boulangerie, s'immobilisent sur les murs dans une quiétude non pareille. Mais le train passe sous le rutilant soleil, le paysage joli et frais défile avec ses grands bœufs somnolant au loin. Et bientôt des maisons, de vastes bâtiments, la flèche très haute d'une église, s'estompent, se profilent, s'agrandissent, se massent. Et le train disparaît dans une tranchée et arrive en gare à l'heure juste, avec une rectitude militaire. Oui, Metz la Pucelle, le chef-d'œuvre de Vauban, la bénie de Louis XV, la patrie de Fabert et de Ney... Mais non, pendant que les dévoués amis qui nous reçoivent s'épanchent en effusions et compliments, j'aperçois la lueur dômale d'un casque prussien... Ah ! c'est Metz la Souillée ! Et je deviens grave.

Dehors, la première chose qui frappe la vue, c'est une caserne d'infanterie bavaroise. Devant le corps de garde, des fusils en faisceaux. De grands gars en uniformes bleus rient et devisent sur un banc, prêts à prendre les armes à la première alerte. En face, un fossé et la première fortification de Metz, et à quelques pas la porte par où le prince Frédéric-Charles pénétra dans la ville jusque là inviolée, livrée par l'Innommable, par l'horrible Ganelon des temps modernes, tandis que les deux cent quatre-vingt mille guerriers de France, vaillants et forts encore, la rage au cœur, la révolte au cerveau, mais comprimés par l'étau de la discipline trop étroite et maladroite, subissaient le supplice de la honte bue en face l'ennemi ricanant d'avoir vaincu sans lutte.

Et voilà que tout à coup un grand tumulte de musique résonne, se perçoit par vibrations. Nous nous retournons. Bruits de tambours, claironnées, cimballes, hautbois, flûtes, saxophones et grosses caisses. Cela va sur un rythme entraînant et rapide.. Et les soldats d'Allemagne passent, lourds et pesants, fusils sur l'épaule, le cuivre du casque recouvert de toile grise. Ils sont ordes de boue, puent indiciblement la sueur de bétail humain. Ils vont alertement, heureux de revenir des grandes manœuvres, de rentrer à la caserne. Cela nous prend au cœur. C'est du sol de France qu'ils foulent! Et de quel air décidé et conquérant! L'effort que l'on fait pour dompter son indignation ou calmer son désespoir est inouï et douloureux.

Nous entrons à la brasserie *Germania*. Une

immense terrasse plantée d'arbres en face l'Esplanade, à cinq pas de la Serpenoise, la rue Centrale de Metz. Toutes les tables sont prises, rien que des officiers, encore des officiers, toujours des officiers, grands et raides, strictement sanglés dans des uniformes boutonnés rigidement, de coupe pareille, de nuance sombre, à casquette à large visière. On dirait des employés d'Administration plutôt que des soldats, n'étaient les grands sabres qu'ils traînent, et les saluts de main — oh! très longs, ces saluts, et avec quelle courbure des épaules, qu'ils font et se font. On boit de la bonne et fraîche bière dans de hauts bocks à couvercle auprès desquels nos minuscules verres parisiens sont dérisoires, honteux presque. Tous ces officiers causent joyeusement. Et il en vient, il en vient. Les servantes, accortes et jolies, en coquets tabliers blancs de Lorraine, se multiplient. Mais une nouvelle musique retentit. Un nouveau régiment passe. C'est la rentrée générale des manœuvres. Puis une escouade, puis un escadron, puis de l'artillerie.

Et par ci, par là, partout, des soldats isolés, des soldats en groupe de deux ou quatre, des coupés de maître où se figent des officiers impeccables; des charrettes anglaises dont les superbes glob-trotters sont conduits par des officiers de hulans. Là, de très grandes dames de hautain profil marchent avec une joie maternelle près de cadets de l'Ecole d'application. Ici, un svelte soldat saxon se dandine lentement avec une grosse bonne qui riote. Ailleurs, des haquets qu'accompagnent de petits soldats sales et brutes. Voilà Metz. Trente mille hommes de troupe, les soldats répandus par la ville, soixante-quinze mille habitants, cinquante mille venus des fins fonds d'Allemagne, et quinze mille restés de France, ayant opté pour l'Allemagne pour des raisons de vie, mais demeurés Français de cœur. Je parle en chiffres d'ensemble et par approximation. Faites-vous de cela l'idée, la terrible idée que je m'en suis fait. Et méditez.

La ville paraîtrait hypocrite. Elle n'est que neutre. C'est à peu près la même chose qu'à Genève. C'est bien le caractéristique d'Etat-tampon. Les deux langues des pays limithropes employées, les enseignes en français et en allemand. Sarrebourg était plus foncièrement allemande. Metz est ce qu'on pourrait appeler une cité transmuante. Elle facilite la coulée des deux langues, des deux races ennemies, — qui devraient pourtant s'aimer et s'aider, en égard à leurs origines et à leurs destinées, et aussi à leur vouloir de science et de pleine liberté sous la sublime raison. Car, si le chauvinisme allemand tout comme le nationalisme français s'excite au bruit des trompettes, à l'envol des queues de chevaux noirs, le levain d'humanité qui se développe au cœur des foules sous l'influence des penseurs des deux pays, des philanthropes des deux races, les prépare à la fraternisation de demain, à l'harmonie prochaine des temps nouveaux.

Ce qu'il y a de surprenant et tout à la louange de la censure allemande, c'est que les journaux français qui se bornent à la simple littérature, qui font profession d'impartialité, qui se consacrent à la défense des idées de justice et de bonté sont tolérés, tandis que les feuilles qui ne vivent que de scandales et d'agitation, qui sèment la discorde entre les bons citoyens sont impitoyablement interdites.

Je ne viens de parler que de l'aspect intellectuel et moral de la ville. Il faut la bien parcourir pour juger de son côté matériel, et esthétique. Ce n'est pas superbe comme Nancy. C'est quelque chose de vieux sans être toutefois archaïque. Rues étroites, maisons quelconques, de styles divers, beaucoup de faîtes de maison à balcons de pierre, masses sombres d'anciennes casernes françaises, et de couvents, et d'hôpitaux, salissures grises de nouvelles casernes prussiennes, imposantes de grandeur et de profondeur, églises jaunâtres, aux flèches très hardiment lancées, surtout l'église protestante. Comme monuments, ceux qui viennent du temps de France, la cathédrale vénérable et vénérée, dont un caprice de l'Empereur fait changer le portail ; l'Arsenal ; et c'est tout. Une curiosité : la place Saint-Louis avec ses vieilles arcades de bois sous lesquelles de petits commerçants vendent de petites choses pour les petites gens de Metz. Une autre : la Seille avec ses extraordinaires maisons de bois, hautes de sept étages, alors que les maisons de pierre ne vont guère que jusqu'à cinq. Des tanneries travaillent là-dedans. Un quartier de peuple et de juifs, grouillant de marmaille germaine, dans lequel le flot des soldats s'écoule, va se donner un peu de joie dans de dangereux stupres avec des femmes molles et bovines, et si peu hygiéniques que le Lazaret militaire ne désemplit pas de malades, même officiers. Il y a beau temps que les saines et gaies ribaudes de jadis sont évanouies avec les vieilles légendes.

Mais la gloire de Metz, ce qui vaut la peine d'y aller, ce sont ses fortifications. Elles enceignent Metz en huit rangées, séparées de fossés pleins d'eau. Allez donc escalader de pareils remparts ! Essayez même de les canonner avec la puissante artillerie moderne, le labourage que vous ferez aura bien de la peine à être foulé par votre pesante cavalerie et votre légère infanterie. Voilà une ville imprenable à jamais. Et c'est pourquoi jusqu'à 1870, elle fut Metz la Pucelle, l'inviolée de toutes les armées qui se heurtèrent à la ceinture de chasteté de ses murailles compliquées. Jamais on n'en serait venu à bout, sans le Traître exécrable, qui la livra sans combat, alors qu'elle pouvait braver le désastre, faire surgir la victoire et semer la déroute dans les rangs ennemis.

Et maintenant, elle est plus inexpugnable encore.

Elle veut détruire ses murailles, s'épandre au loin dans la campagne, bâtir, faire naître des quartiers neufs, modernes et utiles. Les couronnes de monts qui l'entourent sont de formidables barrières naturelles. Des forts récents, créés par l'habile stratégie prussienne la dominent, la tranquilisent de leur solide protection. Saint-Quentin, Saint-Julien, jolies collines aux pentes douces, aux beaux arbres ombreux, aux prés verts cachent dans leurs flancs des antres de désolation et de mort. O nature! O civilisation!

Nous rentrons par les Deux-Ponts; justement il y a fête, un bal en plein vent, une gaieté populaire.

Le drapeau d'Allemagne s'épend au vent. Les filles, dont beaucoup de françaises, avec l'insouciance joyeuse des filles, dansent, valsent enlacées tantôt par des Allemands tantôt par des Français. Il n'y a pas de quoi s'indigner. Il faudrait se réjouir. C'est l'adoucissement des mœurs, l'emmêlement des races, la transfusion des cœurs vers la pacification universelle, sous le règne de l'amour et de la joie.

Voilà que nous repassons dans le sublime. Lorsque nous sommes sur l'Esplanade, où des pelotons de Saxons font l'exercice sous le soleil, nous avons en face de nous la statue de Ney, le glorieux soldat de Napoléon, le vainqueur de la Moskowa; c'est un bronze d'une magnifique allure, de fougueux mouvement. Ney tient le fusil avec lequel il faisait le coup de feu lors de la retraite de Russie. Sa tête est fulgurante d'énergie, et darde des yeux d'audace là-bas, vers Berlin et Moscou. Au piédestal, ces simples mots qui clament une gloire : Ney.

Le gouvernement prussien respecte ce bronze. C'est son honneur. En France, la politique se traduit souvent en vandalisme contre ceux qui furent la représentation d'une idée ou d'une conviction dans le passé. Derrière la statue de Ney, un beau parterre fleuri, un kiosque à musique, et là-bas, regardant la France, face à la trouée de Nancy, la statue équestre de Guillaume Premier, fondateur de l'Empire d'Allemagne. C'est une statue prodigieuse, très haute, qui commande la citadelle, regarde toutes les plaines, les monts à l'infini.

La figure de Guillaume avec sa barbe fauve, ses yeux durs de burgrave, est d'une impassibilité surhumaine, semble flotter dans une hallucination. Son geste indique le vague d'une armée à ses troupes. On n'a pas osé lui donner un index tendu et violent qui aurait provoqué la France. Deux troupiers prussiens gardent la statue. A quelques pas de là, sur une pelouse, une autre statue, gardée par un seul soldat, se dresse debout. C'est le prince Frédéric-Charles, le conquérant de Metz. Figure à barbe de fleuve encore, aux yeux doux pourtant, de bon géant. En bas des remparts la Moselle coule, baignant une île qui, autrefois, sous la France, était une poudrière, et maintenant est peuplée de villas et cottages.

Nous revenons sur nos pas. Nous tournons la cathédrale. A gauche, une caserne, des fusils en faisceaux à même la chaussée. Puis la mairie, puis la caserne de pompiers, et dans le fond une autre statue.

Celle d'un enfant de Metz.

Celle de Fabert, le maréchal de Louis XV. Celle-là aussi a un mouvement vibrant et tumultueux, le visage énergique et farouche, les pieds sur des canons. Au piédestal, des mots aux lettres de bronze nettement tracées, en français, font une phrase héroïque, cornélienne mais qui nous fait rougir de honte. La voici à peu près :

« Si pour empêcher que la place que le roi m'a confiée ne tombât au pouvoir de l'ennemi, il fallait que je me mette à la brèche avec ma famille et tous les miens, je n'hésiterai pas ».

Et on lève les yeux. Le recul de la tête de Fabert est terrible de décision et de courage. Nous courbons le front, saisis de larmes. En face les soldats de Prusse ont un air de gouaille qui crispe le cœur. Ah! s'il revenait, ce messin glorieux, ce triomphateur de l'ancienne armée française, quels pleurs de rage ne verserait-il pas en voyant que sa ville qui n'a reçu aucune brèche a été livrée à l'ennemi par un maréchal de France comme lui. Soyez sûr que s'il avait été seulement simple caporal sous l'Innommable, il lui aurait très bellement brisé le crâne d'un coup de pistolet. Et Metz serait encore la Pucelle.

Nous n'avons plus qu'à nous en aller. Nous avons trop vu. Nous sentons que la destinée militaire de Metz est finie. Sa force actuelle, si formidable, repose sur des fondements d'argile. Et, bien qu'il y ait à Metz un parti français irréconciliable, la lassitude flotte dans l'air. Attendez l'aube prochaine. Le vent de germinal rafraîchi aux aquilons slaves fera s'écrouler le colosse de la guerre hideuse.

Mais avant de partir nous tenons à faire un pèlerinage à Chambières. Plus de mille soldats français, morts aux ambulances, y dorment leur dernier sommeil.

Le cimetière militaire est gardé par un détachement de Saxons, faisceaux sur l'herbe. Toujours cette obsédante image de la guerre, même dans les lieux de recueillement! Nous entrons après avoir salué. D'un côté le cimetière de la garnison de Metz, de l'autre le cimetière de la ville. Une multitude de croix blanches; des soldats, sous-officiers et officiers français, morts les uns après les autres, se suivent comme se suivent les jours du calendrier; des nobles et des gavroches. On fait la toilette des tombes. Le lendemain aura lieu justement le service commémoratif des soldats morts et tués à Metz. Tout au centre s'élève un haut monument, un obélisque de pierre sur lequel sont gravées des devises patriotiques, des maximes de la Bible, très audacieuses, mais que l'Allemagne tolère, par respect du désespoir du vaincu sans doute. Une longue suite des noms de ceux qui périrent pour la plus stupide idée des temps modernes, le plus tenace vestige des traditions de barbarie! Et au soubassement, des femmes allégoriques pleurent la douleur, écrivent l'histoire, toutes couvertes de couronnes envoyées de France. Que c'est triste! Et comme l'on sent la détresse de vivre dans une époque d'armements et d'inimitié internationales! Oh! accours vite Sainte Fraternité qui doit faire s'embrasser les hommes, abaisser les frontières, faire régner la paix et le travail, entre la Bonté des hommes et sous la Bienveillance de Dieu.

Loudrefing

L'Éclatement de Paris

L'ÉCLATEMENT DE PARIS

Les regards de l'univers se tournent maintenant vers Paris. C'est le cratère du monde. Et il est dans une effervescence telle que les yeux des peuples s'y portent avec une inquiétude atroce. Lorsque ce volcan bout, il s'en échappe de telles laves, énormes et terribles, fumantes et brillantes, qu'elles sèment des épouvantes dans les consciences, déboulonnent de vieux systèmes, consument des préjugés, détruisent les ténacités d'erreur et de barbarie.

Cette fois l'éruption sera-t-elle celle de 1789?

Sera-t-elle plus fécondante, plus niveleuse? Aménera-t-elle sous sa flambée de rouge feu de forge une miraculeuse aurore de paix, de fraternité et de bonté?

On ne sait.

Tant d'amalgames se heurtent au fond de ce brasier, tant de scories diverses et antipathiques s'y fondent, s'y transmuent en une coulée de métal en fusion, que c'est une prodigieuse opération d'alchimie sociale qui s'accomplit d'elle-même sous la force de la nature et l'impulsion de la vie.

Cela sans doute fait du fracas, précurseur de tonnerres amoncelant les orages, déchaînant les tempêtes qui roulent les calamités de par le monde.

Mais je crois qu'il ne faut pas s'effrayer.

II

Il y a longtemps que le feu couve sous Paris.

C'est la destinée des planètes d'être en perpétuelle ébullition, c'est la fatalité des choses qui vont naître d'être enfantées dans des éventrements et des bouleversements.

C'est une vérité immémoriale qu'il est puérile de répéter.

Mais il y a tant de peurs étranges.

Après la naissance de l'Être ou de l'Harmonie nouvelle, quelle joie!

Et comme les souillures, les gravats disparaissent vite!

III

Voilà plus d'un an que Paris gronde.

Une affaire formidable et grave domine sur ce bouillonnement.

Elle est malheureuse, car elle divise tous les Français du pays de France.

Pourtant elle se base sur une idée qui devrait mettre les Hommes d'accord.

L'idée de justice et de vérité, qui est d'essence divine, et dont les défenseurs sont seuls agréables à Dieu, je vous le dis.

Si l'on était serein d'esprit et franc de cœur, on ne mettrait pas tant d'animosité entre les fils de la même mère.

Mais les cupidités qui déchaînent les envies coléreuses, les ambitions qui rendent méchant et implacable d'injustice, les passions qui détraquent les jugements et annihilent les bontés, et surtout la peur de la foule, ignorante et menée, toutes les influences mauvaises de la nécessité de vivre, pervertissent les meilleurs des Hommes et les font s'entrehaïr comme jamais on ne s'est haï dans les siècles de l'histoire, comme jamais l'avenir ne le verra, et comme jamais Dieu ne le pardonnera.

Ceux qui sont cause de toute cette perturbation des cœurs, qui ont créé cette atmosphère de suspicion entre les enfants de France, les légitimes comme les adoptifs, encourrent une responsabilité effrayante dont ils ne se rendent pas compte en leur pitoyable inconscience.

A quoi bon les nommer? Dans la rue, ils sont l'ovation violente de leurs redoutables partisans, en attendant qu'ils soient l'objet de large indulgence des énergiques et des volontaires de la tolérance et de la pacification nationale.

Déjà la guerre contre ces hommes qui ont amené la crise dont souffre le pays est commencée par une poignée de jeunes qui n'ont ni esprit de vindicte, ni irrésistibilité d'antipathie, mais simplement le désir d'anéantir les efforts des agitateurs et des dissolvants, la volonté de ramener le calme dans les masses et de faire fructifier les œuvres de progrès et d'amour.

Espérons qu'ils réussiront.

Espérons qu'ils seront secondés par un ministère de modérés résolument progressistes mais extraordinairement autoritaires pour l'expansion de la liberté raisonnable, de la fraternité, de l'égalité et de la solidarité absolues et réelles.

La marche en avant laissée aux jeunes d'audace qui n'exclut pas la pondération, la bride confiée aux hommes de pensée mûre, de vues nettes et d'expérience acquise.

De la volonté de part et d'autre.

IV

Regardez ceci :

Des Hommes, peu nombreux au début, *signalent qu'ils croient* qu'une injustice a été perpétrée, qu'un innocent expie une faute dont il n'est pas coupable.

C'est un faible cri en faveur de la réparation d'une erreur.

Il semblerait que la bonté humaine devrait s'y intéresser.

Mais cette bonté est lente à assurer son règne sur les cœurs.

Et une horde de faméliques — car c'est la faim des places et des honneurs qui fait des hommes des loups furieux — s'agite et hurle, parce que ce triomphe du droit violé, de la justice méconnue, dérangerait leur plan d'accaparement de la conscience nationale, commencerait l'écroulement des sottises et des erreurs à la faveur desquelles leur fanatisme et leur incapacité pourraient régner.

Or, cette protestation intéressée soulève un tumulte. Et les hommes de justice se dressent, tiennent tête aux séïdes. Et de cette lutte qui se débat dans un chaos surgit un cauchemar qui affolle la France.

De telle sorte que les penseurs qui planent au-dessus des mesquineries de notre terre-à-terre et des vilenies de la politique s'étonnent de ce fracas de la rue et de tout ce mugissement du forum. Ils descendent de leur tour d'ivoire, interrogent, enquêtent, et ce qu'ils apprennent les interloquent, les enflamment. Ils voient vite où est l'intolérance et le mensonge et où la justice et la vérité, et ils s'emballent, oublieux d'eux-mêmes, passionnés simplement de bonté et de fraternité.

De ces actes, dignes de l'universelle admiration, est celui d'Emile Zola.

Cela aurait dû rassurer le monde.

Car, il n'est pas admissible que, lorsque l'Ecrivain et le Penseur qui est le Premier de l'époque, se détourne de ses spéculations, jette un regard sur la vie et trouve qu'elle nécessite son intervention, il n'agisse pas sous la conduite de la main de Dieu, qui se dévoile par le cri de sa conscience, sa certitude de bien agir.

Or, pourquoi les clameurs de colère? pourquoi les huées de haine ? pourquoi les lapidements de la tourbe?

Simplement, parce que la lie des foules, à la suite d'une poignée de bateleurs et de bretteurs, tient le haut du pavé et toujours aura raison de Thémistocle, d'Alcibiade, du Juste.

N'importe!

Nous sommes dans un temps de progrès, de marche à haute pression de vapeur.

Tout va vite.

La Justice elle-même, comme toutes choses.

Et parce qu'il s'est trouvé un Ministre, qui a souffert en lui et autour de lui la lutte pour la justice, parce qu'il s'est trouvé Henri Brisson, qne la postérité admirera, honorera et célébrera, la justice a pu s'emparer enfin de ce qui trouble les consciences, de ce qui divise les Français.

Maintenant que les balances de la Loi pèsent le pour et le contre en souveraine impartialité, en hautaine sérénité, l'apaisement descend sur la France.

Que si le ministre d'autorité et d'énergie pour le bien de liberté et de fraternité qu'est M. Dupuy s'appuie toujours sur la Loi, les factieux s'arrêteront, les hommes d'armes reconnaîtront le danger du respect effréné de l'esprit de corps, l'obligation de ne pas tolérer les mauvaises brebis. Et les gens de robe se réconcilieront avec les gens de plume. Et les hommes d'industrie et les hommes de manœuvre se mettront à la gigantesque besogne de préparation du siècle nouveau. Et le crépuscule de ce siècle ne sera pas obscurci de noirs présages, de terrifiantes prophéties. Ce sera la fin d'un beau jour suivi d'un déroulement de magnifiques lendemains sous le soleil de Bonté et de Fraternité.

V

Car l'éclatement de Paris, éclatement multiple, dispersé en une multitude d'éclatements, n'aboutira pas à une explosion.

Ce sont des éclatements naturels, dont j'aurai souvent à signaler les phénomènes, qui se résoudront en aplanissement très naturel aussi.

Donc que les cœurs se rassurent et espèrent ; que les cerveaux travaillent et fécondent.

Le Pourquoi d'un Journal

LE POURQUOI D'UN JOURNAL

A-t-il bien sa raison d'être? Est-il nécessaire? Ne va-t-il pas s'ajouter à l'amas de feuilles éphémères aussi vite enlevées au souffle des vents que tôt écloses? Sera-t-il dédaigné, oublié, délaissé dans la foule obscure et nombreuse des publications singulières, de style et d'idées qui crispent, et qui donnent l'atterrement de se demander comment il se peut que sous le large et bon soleil de Dieu, dans le travail qui doit être fécond et rénovateur, il y ait des gens qui obligent la plume, ce noble outil de pensée humaine, à simplement des maculatures de papier, à des inexpressions de choses, à la négation surtout de la vérité et de la nature tandis que d'autres êtres, des êtres qui devraient être des hommes, ont la richesse qui permet à ces journaux de vivre et ont, dans l'ambiance, l'esprit assez contaminé d'erreur et d'idiotie pour faire de cette suppuration de préjugés, de cette quintessence de néant et de laid leur intellectuel régal?

Ces suppositions, en effet, devraient faire reculer quiconque, non embrigadé dans des coteries, n'ayant pas la consécration de groupes ou de sous-groupes, voudrait faire d'un banal morceau de papier agité au vent public une rare œuvre d'idée et d'individualité. La clameur de haro bien vite tomberait sur lui, et l'écraserait.

Et l'on se dit aussi que malgré le pullulement obsédant des périodiques de nullité et d'abrutissement, il y a des journaux et des revues qui sont dans le droit chemin de justice et de raison, qui fournissent à la fraternisation des classes des outils, de solides outils de scellement. Et l'on pense qu'ils sont assez nombreux comme cela, qu'il ne faut pas gêner leurs efforts par trop de concurrence; que, du reste, il serait malaisé de les seconder, car depuis longtemps, et pour toujours, ils ont la fidèle oreille de l'intelligence des vrais hommes et des franches femmes de France, et les nouveaux venus seraient peut-être trop présomptueux de vouloir prendre place à leurs côtés.

Mais plus l'on examine autour de soi, plus l'on raisonne, plus l'on se pénètre de son droit et de son devoir d'homme qui est de penser et de dire sa pensée. Et fût-on exposé à parler dans le désert, on veut parler, car l'on a la conscience de soi, car l'on sait que rien sur la terre ne se perd, que cette voix en s'épandant dans l'immensité des sables, résonnera là-bas dernière les dunes, et sera une clameur, une clameur qui grandira et s'imposera aux foules étonnées, et accourues.

Et parce qu'on est sourd-muet, parce qu'on est Français, parce qu'on est homme, on veut être quelqu'un parmi les hommes, on veut rendre service, comme Dieu vous le permettra, à ses frères les hommes. On fait donc ce qu'on peut. Et comme, suivant la parole du Christ, il faut chercher pour découvrir, demander pour avoir, on essaie. On fait son effort d'intelligence et de volonté, l'on se pénètre de cet espoir que l'on rencontrera de la bienveillance, de l'encouragement partout, que l'on trouvera même de la fierté chez les hommes doués de tous leurs sens en voyant cet avènement d'autres hommes, crus perdus à jamais, à la vie intellectuelle. On a la certitude qu'ils penseront que cette entrée des Sourds-Muets dans la vie sociale, c'est un nouvel indice que l'humanité est en marche, toujours et sans cesse.

Nous ne voulons pas être seuls. Nous serons heureux d'avoir avec nous des collaborateurs entendants-parlants, de ceux qui ont du talent mais qu'on ignore parce qu'ils ne sollicitent pas ou parce qu'ils travaillent pour leur simple jouissance, et de ceux qui sont connus mais dont les idées méritent d'être soutenues par nous parce qu'elle seront bonnes pour la France. C'est pour la France que nous voulons travailler. La France, ne soyons pas de faux modestes et proclamons-le bien haut, la France mène le Monde, et le Monde s'en va vers Dieu, un peu chaque jour.

Quelqu'un

QUELQU'UN

Le dimanche 28 août il se passait en France, au cœur de la fière et généreuse Bourgogne, dans la noble ville de Montbard, une solennité imposante, civile et militaire, réalisant l'union de tous les Français dans la fraternité des âmes, dans une commune admiration d'un enfant de France, acteur prestigieux de l'épopée glorieuse qui, avec Napoléon, imposa au monde la suprématie de la France sous toutes ses faces.

Sa suprématie de guerre, sa suprématie d'art et de science, sa suprématie d'organisation sociale.

On inaugurait un monument à Junot la Tempête, duc d'Abrantès, le plus intrépide, le plus fougueux soldat de Bonaparte, fils obscur de Bourgogne, arrivé par le courage et par l'audace à la plus haute, et la plus immortelle aussi, des situations militaires.

Si jamais bronze était digne de sortir du sol sacré de la mère patrie, c'était celui-là.

Et ceux qui parlèrent devant ce monument mérité, orgueil de Montbard, fierté de Bourgogne et gloire de France, eurent des paroles très justes, des idées très saines. Et tous ceux qui les entendirent en furent pénétrés. Et les bravos qui résonnèrent furent de ceux qui partent du cœur des foules, de ceux qui assurent la communion des citoyens, d'en haut et d'en bas.

On ne remarqua pas assez ce spectacle à Paris. Mais nous, des profondeurs du Silence, nous l'avons aperçu. Nous en avons vibré et nous le notons.

Le capitaine Vautrin, le maire Gaveau, le général Caillar, le secrétaire général de la très admirable Société du Souvenir Français, M. Niessens, M. Le Ray, duc d'Abrantès, le préfet Michel, le rare écrivain qu'est le journaliste Obein, les sénateurs Hugot et Piot, autre fils obscur, et devenu illustre, de Bourgogne, tous ont dit de ces choses qu'il serait bon de répandre au milieu de la furieuse agitation des partis qui nous angoisse tant et tant.

Mais il est de notre devoir à nous de signaler le fait capital, le fait principal, le fait initial, le moteur de toute cette manifestation française d'admiration et de solidarité.

C'est aussi un humble, c'est aussi un modeste, mais c'est quelqu'un. C'est le capitaine Vautrin, le bien nommé. C'est de ses diligences, de sa fermeté que la statue de Junot est sortie. Il ne faudra jamais l'oublier. Et quand une ville a le bonheur de posséder des individualités de telle énergique initiative, elle récèle une force dans son sein. Le pays, par ses représentants, ses gouvernants, se doit à lui-même de les distinguer, de les récompenser. A ceux qui perpétuent le culte de l'honneur, il faut la croix d'honneur.

L'Impératrice idéale

L'IMPÉRATRICE IDÉALE

Au musée lorrain à Nancy. L'œil défile devant une série de portraits de personnages de haute allure, aux fiers nez busqués d'aigle. Et tout à coup, il est rafraîchi par une suave apparition, toute une jeunesse transparente et rieuse. Élisabeth de Bavière dans l'éclat de son printemps, luit là, dans un cadre royal. A ses côtés, son heureux époux, François-Joseph de Habsbourg, duc de Lorraine, empereur d'Autriche et roi de Hongrie, découple sa fine et majestueuse silhouette, telle qu'elle s'inclinait, lorsqu'avant la guerre, il était acclamé par les

Nancéins dans sa bonne ville de Nancy, en terre de France.

Et l'esprit, embrassant du regard la vaste salle des Etats de Lorraine, se prend à songer. En voilà pourtant qui sont de la famille française !

Je reviens de Metz. A peine suis-je sorti du train, attablé à la terrasse d'un café, que quelque chose d'anormal pour Nancy, me surprend. Des porteurs de journaux courent avec une vélocité égale à ceux de nos camelots parisiens. Je crois qu'il s'agit de ces terribles histoires de l'affaire Dreyfus, une complication nouvelle, qui me causèrent de si tristes émois là-bas, par delà la frontière. Et j'agrippe un journal au passage.

Et ces mots, en caractères eiffelesques me crient dans les yeux :

Assassinat de l'impératrice d'Autriche!

Du coup, je ne lis pas. Non. Je suis des yeux les porteurs, afin de saisir l'âme de la foule. Les journaux sont bien enlevés, mais pas assez.

Et le lendemain la ville est d'un calme impavide sous le clair soleil.

L'unique émotion qu'on apprenne, c'est celle

de la brave femme qui nous fit visiter la chapelle Ronde, la seule gardienne des tombeaux des ancêtres de François-Joseph.

— L'impératrice était si bonne, gémit-elle.

Mais cela c'est la plus belle des oraisons funèbres. Cela dépasse d'une hauteur surhumaine, parce que vraiment humain, les plus pompeux dithyrambes des orateurs sacrés et des journalistes d'indépendance mais de justice.

Elisabeth d'Autriche fut bonne, simplement et noblement. C'est toute son histoire. Parce qu'elle était bonne, elle aima l'art et les lettres. Parce qu'elle était bonne, elle pratiqua les nobles sports. Parce qu'elle était bonne, elle ne voulut jamais s'immiscer dans les choses de politique, créer des embarras de femme à son impérial époux. Parce qu'elle était bonne, elle ne se consacra qu'aux choses de bienfaisance, publique et privée. Mais parce qu'elle était bonne, parce qu'elle était la bonté parfaite réalisée dans la beauté splendide, elle fut malheureuse, toute sa vie. Cela était trop inouï sur cette terre où la douleur toujours, quoi qu'on fasse, sera la loi suprême, inéluctable.

Et ainsi les épreuves douloureuses, terriblement s'abattirent sur elle. Tous les êtres chers sortis de ses entrailles ou liés à son sang, périrent un à un, tragiquement, dans des drames de mort ou dans des horreurs de flammes : Maximilien, abandonné aux fusils farouches des patriotes mexicains; Louis II, noyé de folie et de scandales hors de nous; Rodolphe, mort de la mort des amants sur la gorge trouée de la jeune et belle de Vetsera; Jean Orth en allé et péri dans l'infini des mers; et sa sœur, Altesse Royale de France, la duchesse d'Alençon, calcinée sous le goudron du Bazar de la Charité. Quels coups épouvantables, quelle dureté de Dieu! Elisabeth d'Autriche en avait assez de vivre! Vivre, souffrir! Là-bas, sous le beau ciel d'Attique, aux mortelles attirances, elle s'était fait bâtir le blanc monument des âmes qui aspirent à partir pour partir, dans le dernier voyage au lointain des ombres, vers le ciel. Et voilà que, sur le prosaïque quai du Mont-Blanc, en face les neiges de ce mont immortel, en face les eaux bleues du Léman, un assassin d'Italie tranche la tige d'une si superbe et si odorante fleur humaine. Prose et poésie, antithèses, vies d'Elisabeth d'Autriche ! Proses de malheurs, poésies de bonté. Fin prosaïque sous le poignard du régicide, mais envol très pur de l'âme qui ne laisse sur terre que la goutte de sang de la rosée céleste qu'elle effleure de son aile en rasant les lotus parfumés de l'au-delà.

Elisabeth d'Autriche ! Impératrice idéale, souveraine très rare, les Hommes et les Femmes, qui ont l'Intelligence pour soutien en cette vie, et la Bonté comme principe de conduite, te disent au revoir, dans un baiser, vers là-haut.

Parole écrite et Parole parlée

PAROLE ÉCRITE ET PAROLE PARLÉE

Dans le *Radical*, M. Henry Maret écrit ceci :

« Certes, la calomnie est fâcheuse. Comme l'a dit un des saints pères, il en reste toujours quelque chose. Nous le savons de reste, et le nombre de ses victimes est effroyable. Basile aurait dû naître à notre époque, où il eût pu appliquer sa théorie dans quelque feuille à gros tirage. Ce système pour perdre ses ennemis est même beaucoup plus ingénieux que la tuerie. Car ici nul ne peut se défendre, d'abord parce qu'on croit beaucoup plutôt le mal que le bien, et ensuite parce qu'un honnête homme n'emploie jamais cette arme répugnante. Il ne saurait rendre coup pour coup, et, dans cette lutte ignoble, est fatalement vaincu.

« Ce n'est pourtant pas une raison parce qu'on craint l'injure et la diffamation pour les mériter. Fais ce que dois, advienne que pourra. Redouter un article est une lâcheté au même titre que redouter une épée. Passer dédaigneux et méprisant au milieu des outrages, tel est le seul rôle digne d'un homme... »

Au banquet d'Epinal, M. Méline a dit cela:

« Messieurs, combien nos pères de la Révolution seraient étonnés et consternés s'ils revenaient aujourd'hui au milieu de nous et s'ils voyaient ce que nous avons fait de la fraternité; si on les mettait en face de cette société divisée et déchirée où la lutte des partis devient de plus en plus féroce, où la violence des polémiques n'a plus de bornes, où on fait tomber l'honneur des citoyens, comme il y a cent ans pendant la période révolutionnaire on faisait tomber les têtes, où l'esprit sectaire est érigé en dogme politique; ceux qui font cette triste besogne, a quelque parti qu'ils appartiennent, font bien du mal et assument de terribles responsabilités. Mais le mal qu'ils font à l'intérieur n'est rien à côté de celui qu'ils causent à l'extérieur; il n'est pas possible qu'un grand pays comme la France soit divisé contre lui-même et comme coupé, que les passions politiques ou les questions brûlantes l'absorbent tout entier et l'aveuglent sans que le sentiment national en soit obscurci et affaibli. »

J'espère que les Hommes ont compris. L'orateur de modération et l'écrivain de hardiesse ont touché le mal de l'époque. La calomnie à jet continu engendre le déchirement de la Patrie. Il n'est de remède que dans le dédain de l'envie, dans la poursuite sans relâche du but digne et fort, et surtout dans l'application stricte à tous les hommes du principe de justice et de vérité. Alors la France redeviendra elle-même. Honore et respecte tes grands hommes, ô France, surtout, et parce que s'ils se lèvent pour la conquête du bien, et le vouloir de la lumière, donne-toi des gouvernements fermes et solides, soucieux de légalité et de bonté, et tu seras encore la France des glorieux jours, très haut montée dans l'admiration de l'Univers.

Le Journal

LE JOURNAL

Le journal est la chose de tous, va à tous, il doit être la simple et belle expression des idées et convictions de ses rédacteurs, en même temps que le réflecteur des aspirations vagues, indéterminées de ses lecteurs, qui, par la sympathie qu'ils témoignent à leur journal, montrent que leur état d'âme comme leur état d'esprit attend la vibration morale et intellectuelle que produira en eux leur communion avec l'état d'esprit et l'état d'âme de l'écrivain choisi. Maintenant on choisit un écrivain comme on choisit un confesseur, un médecin, un avocat.

Le journalisme est une prêtrise. Prêtrise

austère et noble, sacrifiant aux seules sérénités du cœur et de l'intelligence, ne vivant que pour l'Homme et pour Dieu, suprême but du Bien. Le journaliste, s'il a sa fierté et sa foi, s'il a son indépendance et sa sincérité, doit être surtout un éducateur, plus qu'un redresseur de torts. C'est par l'éducation qu'on cultivera la moralité nationale et qu'on arrivera à détruire la perennité du mal, source des discordes et des maux.

Mais l'éducation s'entend de différentes façons. Au point de vue livre, il faut convenir que le roman éduque aussi bien que le précepte de morale ou le recueil de maximes ; avec cette différence pourtant, tout à l'avantage du roman, que le roman éduque de façon attrayante. Christine de Pisan disait jadis : « Louer la vertu présuppose le blâme des vices ». On pourrait retourner l'axiome. Ce serait toujours une vérité évidente de soi. Etaler les vices de certaines gens, montrer la corruption de la Société, peindre les choses dans leur naturel cru et vécu, ce serait bien certainement indiquer l'imperfection de notre état moral et social présent, donner le dégoût des choses abjectes et suggérer le remède, imposer la volonté d'apporter par soi-même, par son activité et son énergie de citoyen les améliorations nécessaires à la vie.

Seulément, personne n'est d'accord là-dessus. En voulant appliquer cette idée dans un journal, surtout lorsque ce journal vise au sublime, et veut s'adresser aux classes de distinction et de raison, on risque de faire fausse route et de courir à l'abîme. Tel a été mon aveuglement. Des protestations violentes m'ont arrêté à temps. Puis est venue une lettre, que je qualifierai de cordiale, de M. le Sénateur Bérenger. Cet avertissement m'est salutaire. Je comprends qu'un journal ne doit pas trop fronder la pudeur, ni froisser la délicatesse, ni crisper les sensibilités. Pour les hardis, pour les curieux de pathologie, pour les raffinés de sensations morbides, pour les lettrés que n'effarouche pas l'étude sincère quoique brutale des phénomènes sociaux et des aberrations vitales, le livre suffit.

Très amplement.

La Loïe Fuller

LA LOIE FULLER

La salle est plongée dans l'ombre, une obscurité d'épaisses ténèbres vous enveloppe. C'est un silence ruisselant de noir. Soudain, devant soi, dans l'immense vide funèbre de la scène, une silhouette se détache, semble une larve grise en marche, debout et effrayante. Mais une figure blême de femme apparaît sur cette torsade, et cette torsade tout à coup éclate d'une lueur jaune qui la dresse en peplum romain. C'est la Loïe Fuller.

Elle est très en beauté sans être belle précisément. Sous des cheveux noirs retombant sur les épaules, une figure que l'éloignement fait paraître pleine et grasse dans un carré du galbe que le menton seul ovalise. Et cela est d'une pâleur de cire, avec de grands yeux noirs agrandis, des lèvres minces figées, dans un impavide d'énigme.

Pendant que toute cette intensité de vie intérieure s'immobilise sur cette physionomie étrange, le corps remue, ondule, s'en va, se sauve, s'agite, se balance, se trémousse, s'arrête, tourne et se retourne, en cadence danse, et tout autour de ce souple corps en vibration, des bras blancs en mouvements harmonieux agitent, étendent, lancent, soulèvent, retirent, ouvrent de longs, de larges, d'immenses, voiles de gaze. Et cette gaze se déploie en éclatements de feux, en dispersions de lueurs, en papillottements irradiés de rouge, de bleu et de jaune qui sont des ailes, des antennes de grands papillons multicolores et variés posés sur une tunique aux byzantines rutilances.

Le voile toujours s'éploie, claque comme un drapeau, décharge un flottement de flammes échevelées, d'une frénésie d'enfer, qui semblent sentir le soufre. Puis, il descend doucement, remonte mollement, vibre dans un calme lunaire, prend les tons gracieux et tendres de l'iris, du topaze, de l'émeraude, du saphir, du rubis, de l'opale, de l'agate, des perles de la mer et des pierres précieuses. Et il n'est plus qu'un zaïmph, un bruissement d'argent au clapotis de cristal, tandis que la face immobile et grave vous donne l'illusion d'une Salamboo soudain apparue. On est torturé de rêve, angoissé d'infini.

Tout à coup, c'est une gaîté, une violence, un éperdûment. Les voiles s'élancent, se mêlent, s'enroulent entre eux. Ils vous éblouissent d'une coulée d'or, d'une charriée de pactole, de toute la joie rayonnante des trésors rotschildiens. Et c'est enfin un jaillissement de diamants, ceux de Golconde et ceux du Cap réunis en nappe brillante qui remue, va, court, se presse, vous verse en les yeux magnifiés l'attirance d'une vitrine de Boucheron.

Est-ce fini? Quel commencement de déception vous étreint! Non. La Loïe Fuller ne fait que disparaître et réapparaître. Un rideau d'ombre que troue instantanément une apparition bleue velours, un rayon d'azur tombant de la voûte.

Et voici une autre danse, joyeuse et preste. Voici le banderollement de couleurs claires et fraîches, les prismes de l'arc-en-ciel flottant on dirait à tire-d'ailes.

Et voici des fleurs, des roses de toutes nuances, un envol de pétales, un embaumement de pistils, qui tombe du ciel, pendant que la Loïe Fuller, lasse, courbée, gracieuse et splendide, reçoit cette récompense idéale, digne d'elle, digne de la poésie qu'elle fait sourdre en nous. La salle croule sous les applaudissements.

Elle s'en va encore et revient encore.

Cette fois, c'est la danse du feu, la création suprême de cette divine danseuse.

Les mots comme la palette seraient bien impuissants à décrire cet inouïsme de la scène. Voir, voir de tous ses yeux, ce qui s'appelle voir, vaut mieux.

Du feu en bas, du feu à droite, du feu à gauche, du feu sur elle, une sarabande de feu, un serpentement de feu, des lèchements de feu, des envolements de feu, des balancements de feu, un ruissellement de flammes parmi lesquelles la Loïe prodigieusement danse de son petit pied léger.

Et toujours du feu ; un auréolement de brasier, une fulgurance de fournaise, un éparpillement de laves flambantes, une pluie de flammèches, un voltigement d'étincelles, le bleuâtre diaphane d'une fumée, l'écroulement d'une cendre. Et la Loïe, dressée en son long voile blanc, s'incline sous les bravos et les cris d'enthousiasme, les bouquets qui lui sont jetés de partout.

Voilà une réelle sensation d'art qu'il faut connaître et dont il faut jouir. Pour avoir donné la Loïe Fuller à Paris qui est le Monde, M. Marchand, le Directeur des Folies-Bergère, a fait œuvre d'artiste plus que d'impressario.

La Loïe Fuller, géniale danseuse, s'en ira vers la gloire indestructible. Déjà le ciseau du grand sculpteur Gérome l'a immortalisée. Le Silence qui l'a contemplée la sacre pour la Postérité, essence de Silence et de Contemplation.

La Leçon des Rues

LA LEÇON DES RUES

Le jour de la rentrée des Chambres. Depuis plusieurs jours on disait que Paris gronderait, jetterait ses foules vers les palais, briserait des murs, tuerait des traîtres qui sont des Français. On chuchotait que l'armée marcherait. Contre qui ? On ne savait trop. Des gens vous abordaient avec des airs mystérieux, vous évoquaient le profil du grand Corse, du toujours prestigieux soldat couronné ! Il allait revenir. Alors le penseur, l'enfermé sortait pour voir un peu comment serait la rentrée du géant disparu. Les alentours des boulevards près du Lion qui rêve après Belfort étaient d'une tranquillité de ville s'éveillant dans les brouillards du matin. Le quartier des Ecoles n'avait que son agitation ordinaire d'étudiants se rendant aux cours. Du côté de la Seine, quelques troupiers en tenue de campagne, avivaient un peu l'inquiétude. Mais ils gardaient des terrassiers très pacifiques qui piochaient dans des tranchées, des maçons truelles en main montant des fondations hardies vous remontant l'esprit au passé des berges sales et basses du vieux Paris, et vous faisant présager l'avenir de monuments, de commodités et de bien-être du Paris de demain. Vers les Halles, des files de voitures de maraîchers somnolaient. Et le boulevard Sébastopol, soies et tissus, fils et boutons, avait l'affairement de son négoce, son va et vient de commis-voyageurs. Les grands boulevards ruisselaient de voitures, de gens pressés. Sur le boulevard de Strasbourg, devant la *Scala*, devant l'*Eldorado*, c'était le calme des abords de théâtres de province, la suggestion d'actrices en allées aux bras de jeunes fêtards, encore couchées en de tièdes chambres. Et du côté de la gare de l'Est, c'était une affluence, mais ce n'était pas une panique, la fuite éperdue des bons bourgeois aux oreilles desquels siffle le vent de la guerre civile; c'était simplement, en sa beauté de rouage social, l'arrivée et le départ de Français, d'étrangers se rendant à leurs affaires, à leurs plaisirs, à leurs missions, et en revenant. Plus haut, vers la Villette, vers la Chapelle, toujours la vie de Paris suivait son cours, normal et doux. Et l'on montait à Belleville, la cité terrifiante, qui lance de grandes houles de révoltés, qui déchaîne d'effroyables colères. Midi allait sonner. De jolies ouvrières, gaies de toute l'allégresse de leur jeunesse fraîche et rose, sortaient des ateliers avec une vivacité d'oiselles chantantes, se ruaient vers les bouquets de violettes, tandis que les agiles ouvriers d'art et d'ameublement, les rudes marteleurs de fer marchaient d'un pas rapide, le front courbé sur leur journal dont le titre le plus souvent criait dans les yeux l'*Aurore*, la *Petite République*, le *Journal*. Et l'on montait toujours là-haut, suivant le serpentement des rues qui mènent aux Buttes-Chaumont.

A Saint-Jean-Baptiste de Belleville, assez

somptueuse église, des voitures de noces, des mails-coachs pleins de jeunes mariés, mettaient un encombrement. Quoi ! toujours la paix, même dans ce foyer révolutionnaire ! Et l'on descendait sur le funiculaire la grande artère de la République pour déboucher sur la place où s'érige la statue monumentale de l'incarnation nouvelle et définitive du pays des Gaules. Quel prodigieux mouvement de vie ! Et sur la place, parmi une vibration de fourmillière, un défilé ininterrompu de tramways électriques, de gros omnibus. Et devant la caserne du Château-d'Eau, une simple sentinelle, l'arme au pied !

Vive Paris ! Vive la France !

D'un seul coup, énergiquement, ce vivat se clamait en votre cerveau réjoui d'une telle promenade et d'un tel spectacle !

Mais l'après-midi ?

D'abord on contemplait la Bourse du Travail, fermentation d'émeutes suivant certains, mais en réalité ruche laborieuse de conceptions pratiquement sociales, de projets que le temps réalisera, et où il n'y avait qu'un discret va et vient de grévistes et de gardiens de la paix, pendant que des passants arrêtés lisaient de grandes affiches multicolores. On s'en allait le long du boulevard Magenta livré aux terrassiers et que gardaient encore quelques lignards s'ennuyant dans le square Saint-Laurent. C'est un quartier à son entière apogée de négoce et d'embellissement. Embarras de voitures, affairement de passants. On marchait sur le boulevard Rochechouart. Calme. Le Moulin Rouge endormi, une sensation de tristesse devant de la joie passée, évanouie. Et dans la rue du plus grand écrivain de ce temps, dans la rue du Penseur homme d'action, un désert tranquille de voie morte de province. Ce sanctuaire d'un cerveau dort dans l'indifférence des hommes. Et on ne se douterait pas que Zola est proscrit. Rue de Clichy, rue Lafayette, Chaussée-d'Antin, sur les grands boulevards, la vie humaine vous reprend. Mais c'est le cours habituel des jours, la coulée pacifique des promeneurs étrangers, des oisifs de tout ordre, de richesse et de misère. Place de la Madeleine, sursaut, halte. On y est !

Une bande de braillards galope dans la rue Royale tandis qu'une muflerie de badauds se masse sur des tas de sable. Les véhicules s'enchevêtrent. Exclamations, huées, hennissements dechevaux, engueulades d'automédons, glapissements, vivats, tout un vacarme de pandémonium se perçoit. Soudain, débouche de la rue Saint-Honoré un escadron de cuirassiers qui au trot de chevaux piaffeurs, dressés à ça, balaie lentement la rue. Tumulte de sauve qui peut, cris peureux de femmes. Remous de houle dans lequel nous sommes balottés et disparaissons pour nous retrouver place de la Concorde.

Et voici les cohortes prétoriennes ! Voilà les soldats qui vont jeter l'Assemblée des Députés dans la Seine ! Un barrage de gardes municipaux, l'arme au pied ! Des dragons, rigoleurs, sautés hors de leurs montures qui sommeillent, naseaux fumants. Des gardiens de la paix faisant les cent pas. Des messieurs qui passent, se dirigeant vers le pont, des voitures qui franchissent plus vite que d'habitude la chaussée isolée et libre. Et une clameur près des Tuileries, une bande qui s'est faufilée on ne sait comment, marchant du pas répulsif des brutes, agitant des gourdins, hurlant des cris d'anticivilisés, et qui se heurte à des magistrats en civil qui viennent lui opposer les respects de la loi, et sur lesquels la horde se jette, fracassant une tête de commissaire de police, le calomniant d'un mensonge, ce qui est leur seul principe d'agir.

Nous voudrions bien voir si le grand Corse qui, sans doute, est arrivé, va tolérer ces mœurs de cannibale. Le cordon des sergents de ville nous laisse traverser le pont. La Seine roule des eaux vertes, les bateaux omnibus filent lentement. Le feu de forge du soleil couchant illumine le profil du Trocadéro, jette de mourantes lueurs sur le friselis des arbres du Cours-la-Reine. On dirait une apothéose. Devant le Palais-Bourbon c'est une nuée d'agents et de journalistes. Quoi ! Rien. La botte éperonnée a retenti en effet. Mais elle a fui la tribune, poursuivie par des huées. Nous n'avons ni Bonaparte le franc, ni Marceau l'intrépide, ni Hoche le sage, mais nous avons un Chanoine qui nous bouleverse et qui nous fait pleurer sur notre pauvre et chère armée de France, si vraiment tous ses chefs sont de telle traîtrise, et de tel manque d'énergie. Mais cela n'est pas. Nous pouvons compter sur des soldats de loyauté et de devoir comme Saussier. Non, le généralat n'est pas perdu. Et si quelques-uns ne savent pas reconnaître leur erreur d'un moment, l'ensemble reste ferme sur la fidélité à la loi, sur le respect de la paix publique et sur la volonté de maintenir l'indépendance de la patrie. Mais ceux-là ne sont pas sous l'influence mauvaise des ambiances administratives déplorables, déprimantes, partout, au civil, au militaire, à l'ecclésiastique. Car c'est là qu'est le mal, c'est là que le remède aux maux de la France doit agir de la façon qu'il faut, énergique et curative, fut-ce par bistouri ou coup de hache.

Brisson, dit-on, n'est pas tombé. Toutes les sympathies sont allées vers lui. L'intégrité demeure. La République subsiste, plus définitive encore. Inutile d'attendre. Retournons sur nos pas voir si l'émeute n'aurait pas quelques fantaisies un peu hardies. Rien.

Dans la vaste nuit lumineuse qu'est la place de la Concorde, soldats et chevaux semblent s'ennuyer, las de ne rien voir venir. Rue Royale, toujours de l'encombrement. Sur les boulevards, c'est le galop des camelots avec leurs paquets de journaux en tablier sur leurs genoux. La foule se précipite sur eux. Ces pauvres hères vont donc pouvoir compter sur le regaillardissement de deux ou trois pièces blanches de plus. Quelques femmes aussi sont envahies, harcelées, reçoivent les sous de la même main qui lâche le journal agrippé par plus de vingt mains inconnues. Ces mamans courageuses auront de la soupe pour les mioches ce soir. Tant mieux. Et si la presse servait surtout à cela elle serait davantage une bienfaisance sociale. Et tous ceux qui ont pu se procurer un journal s'en vont, s'adosser aux devantures des beaux magasins où la clarté éclatante ruisselle. Les commerçants doivent maugréer. C'est un adossement qui se suit du faubourg Montmartre à la rue Richelieu, une file de feuilles dépliées. Et d'autres viennent voir par-dessus l'épaule. C'est une immense curiosité exacerbée. On sait cette chose très grave : Brisson a donné sa démission. Et la presse immonde stigmatisée par l'Écrivain Français s'enlize encore dans l'infamie. Elle prédit des malheurs. Mais les gens s'en vont, haussent les épaules. Les omnibus sont pleins, les fiacres occupés, les restaurants garnis, les cafés combles, et les partageuses, celles de Gavarni et celle de Willette, redescendent aux terrasses. Avec le soir, la Fête parisienne, brûlante, inépuisable, recommence. Les théâtres projettent leurs aveuglantes annonces. Les promeneurs affluent. On se mêle à la foule avec la même volupté qu'on se baigne en des flots de source. Par ci par là quelques épaves perdues passent à peine regardées. Et c'est une manifestation de brutes qui gueulent devant un journal de basse démagogie. On continue son chemin. Les femmes ont des regards doux de sœurs heureuses, les hommes ont des physionomies fraternelles et gaies. Allons, la paix règne dans le cœur des multitudes. Et ce ne sont pas les provocations des mauvais citoyens qui déchaîneront la haine dans l'âme des Français d'aujourd'hui. Ils s'amusent de la comi-tragédie des politiques. Elle est pour eux une distraction dans leur imposant labeur qui prépare souverainement et pacifiquement les voies du siècle prochain. Et voilà pourquoi, de part et d'autre, tous les exaltés des deux camps, pleurnichent des jérémiades sur l'indifférence des Français.

Non, les Français ne sont pas aveulis. Ils vivent. Ils travaillent. La Vie, le Travail, c'est tout l'objectif de l'Homme. Chaque jour, l'Homme se dégage de sa tradition ancestrale de barbarie et de guerre, il s'affine, s'épure, monte à l'avenir d'amour et de joie prophétisé par Christ. C'est cet enseignement que donne la rue de Paris à qui la connaît et la pratique.

Rentrons travailler, continuons à nous aimer, à empêcher le mal de nuire. Reposons-nous en la force tranquille et puissante de Paris pour guider la France dans la direction des destinées des peuples.

Sages Paroles

SAGES PAROLES

M. Barthou, président de l'Union des Républicains progressistes, a prononcé l'autre jour un discours qui est d'un gouvernant de raison et d'un penseur agissant. Nous en extrayons ceci qui résume bien la pensée des Hommes de France.

« Aussi n'hésité-je pas, dès mes premiers mots, à marquer nettement notre attitude dans cette série d'incidents qui semblent, depuis plus d'un an, avoir troublé la vie normale du pays à l'intérieur, sans compter, hélas ! le tort si grave qu'ils ont fait à ses intérêts au dehors.

« Il n'est personne parmi nous qui veuille les juger et les résoudre par des distinctions entre les citoyens français contraires à la fois à l'esprit de la Révolution et à l'esprit républicain. Nous avons protesté contre la guerre des classes. Nous restons fidèles à nous-mêmes en répudiant, au nom des mêmes principes, avec la même ferme volonté, les querelles de religion ou de race. Tous les Français ont droit à la même égalité et à la même protection de la loi.

« Nous avons confiance dans la justice qui est chargée d'en assurer l'exécution. Il n'appartient pas au Parlement de se substituer à son œuvre; de quelque côté qu'elles viennent, nous blâmons ces tentatives et nous refusons de nous y associer.

« Quand la Cour de Cassation, libre de son action, renseignée et impartiale, aura statué dans la plénitude de son indépendance, nous tiendrons sa décision désintéressée pour l'expression de la vérité et de la justice. Quelle qu'elle soit, elle dominera comme l'a dit M. le Président du Conseil, les opinions individuelles.

« L'armée nationale, qui a poursuivi, depuis l'année inoubliable, dans le travail et le silence, dans la collaboration confiante de ses chefs et de ses soldats son œuvre admirable de relèvement, ne se laisse pas détourner de son devoir et de ses espérances par les odieuses polémiques auxquelles s'abaisse l'esprit de parti. Ceux-là lui font un égal outrage : ou qui s'emploient pour la défendre à justifier les fautes individuelles, sous le vain prétexte de lui en épargner une injuste solidarité ; ou qui, pour l'attaquer et la compromettre, prétendent lui imposer la solidarité collective et la responsabilité de ces mêmes fautes.

« Sachons, Messieurs, nous tenir à une égale distance de ces excès et de ces injustices pour rendre enfin à notre malheureux pays la tranquillité morale et la paix des esprits. »

L'essentiel est d'être ferme sur ce programme, et de ne pas tolérer l'injustice, et de ne pas subir la tyrannie des sectes et des castes, et de vouloir la clarté dans le progrès.

Silence devant Tempête

SILENCE DEVANT TEMPÊTE

Chambre des députés. Lundi 28 novembre. Arrivé en retard, parqué pendant deux longues heures dans un couloir, où nous voyons cette chose : un prêtre à barbe blonde, haut et fort, un missionnaire sans doute, s'emporter à grands gestes avec un jeune homme de face ferme, qu'un rouge de discussion empourpre. Dispute sur l'Affaire. L'homme du Christ, nous écrit-on, clame : « De part et d'autre, pas de preuve. Il faut se taire et attendre ». Et je pense : Attendre ? Oui, cher Frère. Se taire ? Non. Sans le cri courageux et furieux de Zola, jamais nous ne serions dans l'attente de la vérité qui marche et vient à son appel. — Passe Clovis Hugues, un bon et un sincère, salué et remarqué. Nous l'abordons. Et après son passage, un huissier vient qui nous fait passer dans une galerie bondée. Ce que c'est d'être le rédacteur d'un journal inconnu. On n'a pas l'honneur de la tribune de la presse et on voit mal. Pour ce qui est d'entendre, nous avons ce malheur de ne le pouvoir. Regardons donc de tous nos yeux. Devinons. — Paul Deschanel, l'Homme par excellence, est debout, les bras croisés, interpellant la Droite. Juché à telle hauteur, il est la souveraineté de l'opinion française. Il agite la sonnette, a de très doux mais très impératifs gestes des bras qui apaisent les clameurs de cette houle d'idées diverses. Et lorsqu'il se rassied, il est entouré d'une nuée de secrétaires qui lui apportent des papiers, des papiers, tout un voltigement d'ailes blanches. — Mais voilà quelqu'un qui monte d'un pas lent et lourd les degrés de la tribune. C'est une tête puissante. Ça a l'air d'un colosse. C'est M. Dupuy. Il parle. Battements de mains presque partout. On remarque deux soutanes de prêtres avec ceux qui applaudissent. M. Dupuy parle encore. Paul Deschanel, tranquillement assis sur son siège dominateur, semble planer dans d'autres régions, plus supérieures. Lui seul vaut la peine d'être regardé. La grâce de son maintien, la souplesse de son attitude, la bonté de sa physionomie éclatante d'intelligence, la fermeté de son regard, toute la jeunesse exquise de sa personne font bien de lui l'incarnation de la Jeune France de demain, de la République Nouvelle : justice et sourire, grâce et bonté, beauté et bonheur, espoir ! Et c'est à peine si l'on s'aperçoit qu'après une levée de M. Méline M. Dupuy descend de la tribune, tandis que, d'un geste décidé, M. Ribot l'escalade, s'y maintient avec une vibrance qui soulève des tempêtes sur la montagne nationaliste tandis que les sommets socialistes, une partie du centre, appuient ce vieux républicain de principes par des applaudissements vigoureux. On sent que Ribot, c'est la raison en émoi, pendant que Deschanel, levé, avec ses gestes qui domptent les esprits surexcités, vous donne l'illusion de l'avenir qui jugera et qui se tait, de l'avenir qui sera indulgent aux petitesses parlementaires, aux animosités puériles, coupables pourtant, de l'heure présente. Et comme les députés descendent dans l'hémicycle, pendant que Dupuy, habile gouvernant, temporisateur hardi, triomphe, l'on s'en va avec le désir de revenir mieux voir sans l'entendre cette arène, unique au monde, des idées et des opinions écloses sous le ciel ardent de France.

Le Peintre du Rêve

LE PEINTRE DU RÊVE

Il n'est plus. Et partout, chez les émus de pensée et les raffinés d'art, c'est une douloureuse tristesse. Car c'est un génie créateur qui disparaît, une gloire impérissable de France. C'est le merveilleux évocateur des sereines visions de primitive nature, le prestigieusement pictural historien des scènes de l'enfantement national en Geneviève de Nanterre. C'est Celui dont le dessin proclame la pureté des lignes, la beauté des figures, la magie des êtres qui sont, se meuvent, vivent, pensent et prient. C'est Celui dont le pinceau anime les lointains d'ombre, le bleu des infinis célestes, la verdure des herbes et des arbres, la croupe tranquille et laborieuse des bêtes domestiques, la matérialité des choses, tout ce qui existe enfin, en une expression virgilienne de vie sur la toile qui fait réfléchir et qui fait songer.

C'est le grand peintre de ce temps. C'est Puvis de Chavannes.

Puvis de Chavannes! La postérité redira et aimera ce nom. Fresques et murailles, douceurs de couleurs, larges espaces où s'épend la lumière antérieure, où vibre la vie en son émotion, et en sa force tranquille, où l'homme robuste et bon et la femme fine et belle s'épanchent en prière, en prière qui est la conscience du moi et la reconnaissance de Dieu.

Puvis de Chavannes, intelligence et cœur comme tout génie, meurt de la mort des amants et de la mort des artistes, de la belle mort dont il faut souhaiter mourir.

Il suit dans la tombe la noble compagne de sa magnifique vie, la princesse Cantacuzène. Inconsolable de cette fin, tué du déchirement de son cœur, il ne pouvait plus vivre ni créer. Et il s'est laissé en aller vers le Très-Haut, vers la réunion de son âme à l'âme de son existence, à son inspiratrice naturelle. Que ce départ nous étreint ! Avoir donné l'Art aux Hommes, et n'en pouvant plus, seul irréparablement, partir pour une Femme vers Dieu, quelle fin !

D'artiste et d'homme !

Un Forgeron de Paix et d'Amour

UN FORGERON DE PAIX ET D'AMOUR

Deux tristes années françaises viennent de s'en aller, 1897 et 1898. Elles seront bientôt dans le lointain des chronologies, et aux âges futurs ne laisseront que l'impression d'époques mauvaises où le trouble des consciences se heurte au fracas des haines citoyennes, où la défiance des sincérités et la crainte des foules aveugles engendre la stagnation du progrès et l'arrêt des affaires de vie.

Une nouvelle année, la dernière du siècle de Napoléon et de Hugo, s'ouvre.

Et tous les gens du pays de France, et tous

les Hommes d'autres contrées qui aiment cette nation prodigieuse, généreuse comme sa bonne terre et loyale comme sa solide épée, lui souhaitent ce bonheur : la tranquillité des âmes, la marche sûre du fécond travail ; cette santé : le bien-être et le bien-vivre de ses populations, l'éclosion continue des idées de justice, des découvertes bienfaisantes, l'accès de tous aux principes moraux qui assurent l'harmonie dans l'action comme dans la nature, sous l'œil content de Dieu.

D'autant que la France, après la Grèce et Rome, après les peuples civilisés d'Asie, c'est le premier vagissement de l'humanité renouvelée par Christ, et c'est, dans la suite des siècles, le condensement des idées humaines, leur expression en beauté et en liberté ; et c'est le déchaînement divin de victorieuse colère de la justice contre l'injustice trop longtemps maîtresse du monde ; et c'est l'épanouissement immense des grandiosités délicates et puissantes des arts ; l'éclosion éclatante des raffinements épurés de la langue ; l'emmerveillement des audaces supérieures et bienfaisantes de la science et de l'industrie.

La France, c'est la nation prédestinée.

Et justement parce qu'elle est belle comme une femme, comme une femme elle aura des crises, des fureurs, des nervosités, des enfantements douloureux. Mais elle aura la charité, elle aura la générosité, elle aura l'esprit, elle aura la grâce, elle aura le sourire, elle aura la joie et le courage de vivre et de faire vivre les autres.

La France vivra quoi qu'on dise. Jamais elle ne tombera dans la décadence de l'Italie et de l'Espagne que d'aucuns craignent tant pour elle. Jamais elle ne s'abolira sous le froid esprit pratique des races du Nord, jamais elle ne subira le talon des brutaux anglo-saxons.

Elle est de sang trop mêlé. De ces derniers elle prendra le sens du négoce, l'énergie indomptable. Des autres, des peuples efféminés du Sud, elle s'assimiliera les mœurs souples, les appétences voluptueuses, les grâces plastiques. Mais d'elle-même, elle sera l'audacieuse que la fortune favorise; la hautaine, casquée de la coiffe de Minerve, dont les vues sont justes et sages; la superbe, dont le galbe magnifique et l'allure altière impose, inspire les arts et les chants ; la féconde, qui laisse tomber l'abondance des fruits de la terre et des produits de l'homme ; la bonté, vers laquelle les malheureux, les déshérités tendent leurs cœurs, d'espoir jamais déçu.

L'hystérie dont elle souffre aujourd'hui n'est qu'une crise douloureuse, harcelante, inhérente aux meilleures natures, mais qui disparaîtra, et la rendra plus belle, d'une fraîcheur reprise, d'une force retrouvée.

Pourtant il ne faut pas la laisser comme elle est. Il faut la soigner, la calmer, lui infiltrer les effluves de paix, les ambiances d'amour, le serum de la ferme volonté.

Et nombreux sont les fils de cette chère Mère qui lui prodiguent leurs énergiques secours, la raniment de leurs caresses filiales, la revivifient en lui donnant la fierté d'avoir des enfants valeureux, d'honneur et de devoir, de travail et de fraternité.

Ceux qui veulent la justice, qui te fera du bien et augmentera ton prestige, ô chère France ; ceux qui, jusqu'à l'exaspération, veulent la grandeur, la suprématie presque, de ton admirable armée, ton bras droit, et de ton incomparable marine, ton bras gauche ; tous, depuis le génial écrivain Emile Zola jusqu'au général de Boisdeffre, tous, malgré leurs disputes, leurs idées contraires, tous t'aiment d'un ardent amour.

Ces querelles te font mal, te serrent le cœur, te font pleurer, des larmes obscurcissent à tes yeux l'azur de l'avenir. Mais sois tranquille, tu as d'autres enfants qui, comme toi, bonne mère, souffrent des divisions intestines et qui ont le courage et le don de savoir s'employer à les apaiser, à prendre toutes les âmes des enfants de France entre les mailles d'un seul réseau d'affection et d'amour.

Ceux-là sont nombreux. Ils agissent sans bruit. Ils ne se liguent pas. Ils sont de la Ligue du Cœur, du Cœur large, du Cœur indulgent, du Cœur généreux et bon. Et ce sont des Hommes, dans la belle acception du mot.

Parmi eux, un seul s'impose plus irrésistiblement à l'attention publique. Ses bonnes qualités de Français l'ont appelé à une des plus hautes magistratures de ce pays. Il est jeune comme la République nouvelle. Il est éloquent comme les idées mêmes de la République. Il est généreux et accueillant comme la Fraternité. Il est équitable comme l'Egalité. Il est tolérant comme la Liberté. Il incarne ces trois principes républicains, qu'il réalise et applique. Gambetta faillit faire cela. Mais Gambetta fut trop injustement haï; et il était trop sensible aux coups des méchants, alors que l'homme de bonté doit passer, tête haute, yeux dédaigneux, esprit détaché, parmi les ignominies du moment.

Cet homme, c'est Paul Deschanel.

Il y a longtemps que le Silence l'avait remarqué, et avait prédit les glorieuses destinées de cette noble personnalité. Elles se parachèveront un jour.

Voyez comme il reçoit les humbles du personnel de la Chambre, comment il les conseille, de quelle façon discrète il leur assure sa protection. Admirez avec quel sens des hommes et quelle volonté de les faire se fréquenter pour qu'ils se connaissent, se comprennent, s'excusent et arrivent à s'aimer, il les invite, d'opinions mêlées, quasi irritées, à sa table. Quoi que prétende la presse frivole, en ces repas, l'amabilité, la cordialité, l'esprit et autres qualités mondaines font sur les natures les plus rustres des conquêtes dont bénéficiera tôt ou tard la concorde et la pacification sociale.

Et dites-moi si elle n'est pas sublime la manière dont Paul Deschanel relève une Association ouvrière que ses débuts, durs comme tous les débuts, (nous en savons quelque chose) ont failli anéantir, parce que pas protégés. Dites-moi si ce n'est magnifique, de haut enseignement, moral et politique, le dîner que le Président de la Chambre offre aux ouvriers, aux représentants des Associations du productif labeur. Zola proclame que le salut est dans le travail, fécondité puissante. Et Paul Deschanel, l'Homme d'Etat moderne, l'Avenir, Paul Deschanel, penseur et philosophe, plus solennellement que l'écrivain visionnaire, affirme que la France sera guérie par la République du Travail. Lui-même est dans l'action agissante de cette bonne République. C'est celle qui console, c'est celle qui fait vivre.

Rien que de voir, du seuil de cette nouvelle année, monter au zénith la personnalité de Paul Deschanel, et de bien d'autres qui ont mêmes sentiments au cœur, mêmes idées au cerveau. Rien que de voir l'effondrement des dissolvants et des tapageurs, on a de l'espoir plein l'âme, de la volonté plein soi, et on rentre dans la bataille du travail, avec ce seul souhait de nouvelle année :

Vive la France !

Justice et Bonté

JUSTICE ET BONTÉ

La Cour de Cassation, Appareil redoutable, Suprématie de la Justice des Hommes, vient de prouver qu'elle pouvait être parfois l'Emanation de la Justice divine, qui n'est pas dévolue toujours, quoi qu'on dise, aux faillibles humains.

Et c'est une preuve nouvelle de l'exhaussement de l'Homme dans la spiritualisation de son âme. Car agir autrement, faire montre d'autoritarisme brutal et rustre, ne pas discerner l'équité et s'insensibiliser le cœur contre la bonté généreuse, le bon mouvement du Samaritain qui tend le verre d'eau d'espoir, c'est simplement être un barbare grossier, aussi dépourvu d'idées que de sentiments.

La Cour de Cassation en ordonnant que Dreyfus serait informé qu'on procède à la revision de son procès a été bonne et juste. Si le malheureux reclus de l'Ile du Diable est innocent, il sentira mieux le prix de la réparation, si tardive soit-elle, et il se dira que les hommes ne sont pas si méchants et injustes qu'il avait le tourment de le penser en sa conscience seule en face de Dieu. Mais s'il est coupable, il n'en subira qu'avec plus de douleur intérieure le remords de son crime, et la crainte du châtiment frappera implacablement à l'heure inévitable de l'expiation celui qui se joue de ces choses sacrées : la Justice et la Bonté.

Un Mime. — Thalès

UN MIME. — THALÈS

A l'Olympia. *Néron*, pantomime-ballet dans la formule du genre. Mais là-dedans, dans ce chatoiement de petites femmes, ce débordement d'hommes, vous donnant l'illusion du peuple de Rome lors de l'enfantement du monde chrétien, quelqu'un qui sort de l'amas, quelqu'un qui fait sensation, vous détourne de la concuspicence de regarder la beauté plantureuse de Louise Willy. Ce quelqu'un qui m'émotionne, c'est un mime et il se nomme Thalès. Il est grand, il est puissant d'allure, large de gestes, sincère de jeu, et clair, clair, plus clair que tant de mimes que l'on porte aux nues et que le Silence, qui, seul a la compréhension de l'éblouissante clarté, ne comprend pas, parce qu'ils ne miment pas des idées, parce qu'ils se démènent en des gesticulations de pantin. Et j'apprends que Thalès est élève de Rouffe, ce génie de mimique. Cela ne m'étonne pas, mais pendant que j'applaudis à tout rompre, je regrette qu'on ne taille pas à ce mime de si prodigieuse envergure, d'aussi belle compréhension, une pièce qui le révèle encore davantage aux yeux des artistes, des raffinés de l'exclusive beauté. Et j'espère que ça viendra. Bravo, à Thalès!

En la ville de Rheims

EN LA VILLE DE RHEIMS

Brumes et pluies, humidité persistante. Une ville triste et maussade par ce dimanche de novembre. Belles maisons modernes qui se vêtent de couleur funéraire, vieilles maisons d'autrefois, d'architecture fantaisiste et drolichonne. Mais splendeur, alleluia de la pierre, magnificence de l'expression sculpturale en cette cathédrale merveilleuse, chef-d'œuvre de l'architecture gothique, gloire de France. On ne cesse de l'admirer, de s'y pâmer en des extases d'adoration. Et en bas, sur la place, quelque chose de frêle, qui semble jurer avec l'harmonie du monument sacré, la statue, on dirait la statuette, de la frêle et délicate Jeanne d'Arc, du grand artiste Dubois. Deux bijoux d'art face à face, mais qui expriment un seul symbolisme, fulgurant comme la Lumière, hautain comme la Raison, la foi en Dieu et en la Patrie. En Dieu, la suprématie du Droit; en la Patrie, le triomphe des idées nationales, celles de justice et celles de valeur militaire. Et aux pieds de Jeanne devant la cathédrale dans laquelle elle ramena le Roi et proclama l'éternité de la France, on sent son cœur s'inonder d'espoir, on a la certitude de la victoire prochaine de la bonté et de l'amour.

Le Bon Docteur

LE BON DOCTEUR

Il me faut donner un souvenir à cet étrange docteur Gruby qui vient de mourir d'une mort digne des temps antédiluviens, d'une mort austère de patriarche qui s'en va après avoir bien rempli sa vie. Il fut le médecin de mon enfance peureuse et malade. J'ai encore le frisson qui me secouait lorsqu'il me fallait l'attendre dans son salon de la rue Saint-Lazare, ce salon de serre chaude peuplé de palmiers rares, d'orchidées fantasques, de dracœnas frileux, de bégonias aux larges feuilles déployées, éclatantes de nuances, aux fougères graciles, érectées, tout une flore de tropique soignée à grande chaleur dans un appartement de Paris, pendant que dans de vastes aquariums où des plantes marines mettaient la bizarrerie de leur végétation, des poissons nageaient calmement, et que dehors, par les fenêtres, on voyait le va-et-vient affairé de la Chaussée-d'Antin et la quiétude du square de la Trinité égayé de bambins et de nourrices. Oh! quel effroi me saisissait lorsque j'entrai dans le cabinet du docteur, où tout était épouvantail : profusion d'instruments de chirurgie sur son bureau, déploiement d'appareils singuliers, étal d'un lit d'opération, serviettes, cuvettes, éponges, le métier exhibé tout de go. Mais le bon docteur ouvrait un coffre, analogue aux coffres à bois des antichambres, y puisait une large poignée qu'il me mettait dans la main, et c'était des bonbons exquis, fondants et parfumés. Et doucement, il faisait son examen, me regardant de ses yeux incisifs et mystérieux. La peur me reprenait, puis il me faisait pencher la tête, me prenait l'oreille. Je tremblai. Il me mettait dans l'oreille une espèce d'entonnoir d'argent, je ne sais quel spéculum, puis une loupe à la main regardait. L'examen fini, mon cher père, mon bon père, mon père regretté, m'écrivait les paroles du docteur. La conclusion était qu'il fallait me laisser vivre, mettre mon intelligence en liberté, mon physique en mouvement, ne pas m'abrutir d'opérations inutiles et affaiblissantes, de remèdes déprimants. Et le bon docteur m'invitait dans son jardin de Montmartre, sur les hauteurs de la rue Lepic, devant l'immensité de Paris. C'était un Paradou varié, fleuri et gai, produisant des légumes inusités, comestibles pour les seuls gourmets, plein d'arbres donnant des fruits succulents et extraordinaires. Le docteur Gruby fut un génie tutélaire dans mon enfance. Et maintenant que, devenu homme, je constate que tous les journaux parlent de sa bonté, plus que de sa célébrité, j'éprouve une joie et une fierté d'avoir été soigné par lui et je dois à sa mémoire un hommage reconnaissant capable de le placer sur le socle de la postérité, parmi les bienveillances humaines.

Ligues sur Ligues

LIGUES SUR LIGUES

Dans l'agitation actuelle, dans cette guerre civile des esprits français, un fait frappe le penseur, c'est l'accroissement de ligues, de sociétés pour défendre d'un côté la Justice, de l'autre la Patrie, comme si jamais ces deux choses qui s'identifient en une seule et même personne : la Patrie française, essence de Justice Humaine, étaient menacées. Ce sont choses immuables contre lesquelles rien ne prévaudra. Au lieu de fonder ces sociétés agitatrices et dissolvantes, et qui augmentent la confusion et le malaise, il serait plus digne des Français de fonder une *Ligue des Réformes*, une ligue qui veillerait à assurer la marche du progrès, à écarter toutes ces discussions annihilantes, toutes ces divisions intestines, cause de l'arrêt public, recul du perfectionnement social. Au train dont nous y allons, la routine s'obstinera, l'indifférence s'accentuera. Je vois déjà un symptôme de cette Ligue nécessaire dans la Ligue des Contribuables, que cette Bonté et que cette Intelligence, le comte de Chambrun, protège. C'est celle-là qui doit prévaloir et attirer l'attention des contemporains vers les choses utiles et bienfaisantes. Nous la soutiendrons.

Celui qui ne veut pas,
mais qui veut néanmoins,
Et celui qui voudra,
lorsqu'il le faudra.

CELUI QUI NE VEUT PAS, MAIS QUI VEUT NÉANMOINS, ET CELUI QUI VOUDRA, LORSQU'IL LE FAUDRA.

La fin déconcertante de Félix Faure est un redoutable enseignement. Mais la majorité des Hommes n'y a guère attaché d'importance. Si vertigineusement lancée est la vie qu'on ne peut plus méditer sur la mort. A peine une sensation de tristesse, de la compassion pour la veuve et les enfants, une légère inquiétude sur le sort des familiers et des partisans qui vivaient de par la position du défunt, un rapide retour sur soi-même, un assombrissement avec un coup de sonde en son âme : « Pourvu que ça ne m'arrive pas, je suis solide encore, mon cœur est toujours pur, je n'ai commis que le péché d'aimer les femmes, l'Eglise le condamne, mais c'est Dieu qu'il l'a créé, ce joli péché », et satisfait, rasséréné, on s'en va à ses travaux, à ses affaires, à ses passions. La civilisation a fait de nous un essaim de mouches bourdonnantes. L'une d'elles soufflée, nous continuons à bruire de notre bruit d'essaim. O le regret des calmes tribus de jadis où l'on pouvait pleurer et songer!

Félix Faure, grand citoyen, bon Français, magistrat intègre, président de la régalienne allure gauloise, s'en va, foudroyé comme un colosse qu'il est, et parce que c'est le dessein secret de Dieu. Il s'assoupit en la fraternité universelle représentée par un prêtre obscur, jeune, rencontré en le noir d'une rue déserte. Il est sorti des bras du peuple, a été élevé aux pavois par le peuple, et s'écroule entre les bras du peuple. Cela ne se voit qu'en France. Et cela prouve la vitalité de la France.

Nous le remplaçons très vite. Les élites de

la Représentation nationale nomment Loubet qui est la Simplicité et l'Amabilité. Nous espérons qu'il sera aussi la Bonté, puisqu'il est le Travail, la Modération, le Respect de la Loi, l'Amour de l'Armée, la Foi en la Patrie. La démagogie de recul, les mousquetaires du passé, les ligueurs de tragicomédie ont beau hurler et galoper dans les rues. Ce sont exercices de plein-vent très hygiéniques et qui démontrent qu'il vient de se passer quelque chose de nouveau en France. Ayons-leur gré de leurs tapageuses démonstrations. On travaillera demain, eux aussi, et la France continuera à marcher sur les routes du progrès.

Pourtant, il faut dire que les jeunes, ceux de demain, n'attendaient pas la magistrature de Loubet. Ils espéraient que Félix Faure irait jusqu'à la fin de l'agitation actuelle, que bien qu'on l'accusât de sentiments contraires, il aurait le mérite de présider à l'apaisement des esprits, en assurant la manifestation de la vérité et la proclamation de la justice. Et l'on pensait qu'un moment viendrait où la mentalité de la France s'étant renouvelée, la Constitution ayant été transformée par l'évidence de la force des choses, les indications de l'expérience, les aspirations du monde moderne, Félix Faure, en bon républicain, se retirerait dans la Gloire, la Tranquillité et le Souvenir pour laisser une place d'action et de responsabilité à celui qui incarne la République nouvelle.

Dieu en a décidé autrement. Il a voulu soumettre la France à une nouvelle épreuve. Ce n'est pas, comme l'on oblige le délicieux Wilette à le dessiner, parce qu'elle est maudite. Non, c'est parce qu'elle est prédestinée et que les hautes nations comme les grands cœurs doivent s'anoblir dans le malheur.

Elle s'en est bien tiré, notre chère France, de ce coup méchant. La République nouvelle n'est pas encore arrivée à son éclosion naturelle. Elle bourgeonne à peine. N'en faisons pas une plante trop hâtive. Laissons-la croître et grandir de sa vie normale. Je comprends qu'on soit pressé. Cependant de quoi pourrait-on jouir dans cette époque de tourmente? Pourrions-nous même préserver les frêles rameaux du jeune arbre?

Jamais la France ne sera dépourvue du sens opportuniste. Tant qu'elle l'aura, elle saura se gouverner elle-même et toujours elle trouvera les dévouements que nécessitent les faits. Emile Loubet ne visait pas aux honneurs. Il préférait le labeur, le coin du feu propice à l'éveil des idées. Mais le moment n'étant pas venu pour la République nouvelle, et comme il ne faut pas user trop tôt les hommes de demain, on a compris que lui, personnification éclatante de la tradition républicaine d'où découlera l'avenir, devait être à la tête du pays, veiller à l'aplanissement des voies, ouvrir les avenues de la République. Il a accepté. Cela n'est pas d'un timide. C'est d'un courageux. Et c'est d'un Français, et parce qu'il est homme de France, il saura se tenir dans la haute situation où il vient d'entrer. Le faste et le décorum ne sont pas l'unique apanage des pschutteux. Fils du peuple ou d'aristocrate, le Français est toujours à la hauteur des circonstances.

Je répète que l'Union des Républicains nommant Loubet d'une seule voix de l'urne c'est le bon sens opportuniste du pays. Il faut savoir attendre. Dans l'amas des lettres qui m'ont été envoyées, tous, entendants ou non, souhaitent l'élection du Forgeron de paix et d'amour, Paul Deschanel. Etait-ce bien le moment? Dix voix ont dit que non. Mais elles l'ont indiqué pour l'avenir. Et lors de la fausse alerte de trois heures annonçant son élection, beaucoup auraient désiré que ce fut la réalité. Ce sera la réalité prochaine.

Honneur à Loubet! Vive la République nouvelle!

La Justice de Château-Thierry

LA JUSTICE DE CHATEAU-THIERRY

La Justice de Château-Thierry sera celle de l'Avenir. Et M. le Président Magniaud, pour n'être pas chancelier de France, pour n'être pas le successeur de d'Aguesseau, paraîtra aux yeux des hommes de demain comme ayant été en cette France désorientée d'aujourd'hui la seule, la rare personnification du Juste et du Bon. Par deux jugements retentissants, sublimes d'indulgence, fiers de raison, M. le Président Magniaud a montré qu'il connaissait l'esprit de la loi divine, qui est souvent l'esprit de la loi humaine élargie dans la tolérance, épurée par la générosité. La Justice de Château-Thierry que la Justice d'Etat veut reviser, pour complaire à la forme, par haine de la vraie morale, est la plus juste des justices en ce sens surtout qu'elle enseigne que c'est à la Société à prévenir les délits plutôt qu'à les punir. L'extension de la bienveillance, l'offre de profitable labeur aux déshérités et aux souffrants, l'accès pour tous au relatif de la vie, voilà ce qui nous préparera une humanité où sera inconnue le conflit des justices erronées de maintenant.

Silence devant Sarah

SILENCE DEVANT SARAH

Le Théâtre Sarah Bernhardt s'ouvre enfin. Sarah prend contact avec le peuple. Les places sont abordables à toutes les bourses. Et moi qui si longtemps désirais voir jouer Sarah malgré mon impuissance à l'entendre; moi qui, dans toutes les revues, dans tous les journaux, dans des livres, toujours, vis qu'on vantait, en dehors de sa voix d'or, son jeu inouï, j'accours, pour voir si je serai ébranlé comme l'était mon aîné Ferdinand Berthier lorsque la Malibran l'appelait devant elle afin de juger par l'émotion que ressentirait le grand Sourd-Muet si le lendemain son jeu empoignerait les masses. Nous sommes quatre Silencieux, dont mon ami Fernand Hamar, le jeune statuaire, auteur de *Rochambeau*, qu'on n'osa pas, par préjugé, nommer prix de Rome de 1898. — Sur l'affiche, *la Tosca*, de Sardou. Je n'ai pas lu ce drame parce que je suis un obstiné de la seule littérature. Mais que m'importent les ficelles, que me fait la trame, que nous devinons facilement et qui est banale un peu. C'est Sarah qu'il nous faut. L'agitation des riches costumes de la cour italienne nous laisse froids. Enfin, la voici. On regrette instantanément de ne pas l'avoir vue au temps de sa radieuse jeunesse. Et cependant elle est toujours jeune, et belle de la beauté de l'intelligence et du cœur. Nous lui souhaitons un miracle de Dieu, qui, en créant l'Art, combla d'un bienfait les Hommes, nous lui souhaitons de vivre, éternelle comme la Femme. — Elle arrive, la démarche languide, détachée. Puis, peu à peu, dans les scènes suivantes, dont nous n'entendons pas un mot, elle s'anime, se transfigure, devient l'amoureuse voluptueuse et attirante. Ce qu'elle est belle alors! Et lorsqu'on apporte le blessé quelle intensité de douleur. — Mais c'est dans la scène avec le baron Scarpia qu'elle est pathétique, nous saisit, nous agrippe le cœur, nous courbe haletant à ses gestes, à ses mouvements, à ses transports, à sa rage d'humiliée, à sa résignation d'épouvante, à sa prise effrayante d'un poignard, à son réveil subit de femme exaspérée, et qui frappe, et qui tue, et qui clame à l'insulteur, au tortionnaire, sa joie de délivrance. C'est d'une horreur magnifique cette colère, et c'est d'une sincérité de fureur que connaissent ceux-là seuls qui ont eu leur aimée supérieure blessée et farouche. — Quelles poses aussi, quels maintiens, quels envols des bras, quelle plastique, quelle vigueur de la physionomie. Nous respirons à peine, émotionnés de tant d'art et de beauté, dont nous n'avions jamais joui jusqu'à ce jour. — Nous n'avons qu'un pauvre petit bouquet de violettes. Nous l'envoyons sur la scène. Pauvre et modeste hommage sans doute! Sarah ne s'en aperçoit peut-être pas. Mais le Silence n'a pas besoin de lui crier son admiration. Cette admiration, d'autant plus précieuse qu'elle est difficile à provoquer, monte vers elle, va vers la divine artiste comme l'écho même des bruits antérieurs de la postérité pour laquelle nous voudrions bien la conserver. — Nous ne nous lasserons pas d'aller la revoir, de mieux nous imprégner d'elle afin de davantage l'aimer.

Un Ministre. — M. Dupuy

UN MINISTRE. — M. DUPUY

M. Dupuy, quoi que puisse dire la presse adverse, la presse de parti et la presse immonde, est bien le ministre de cette époque de transition, dernières convulsions du monde ancien, vagissements du monde nouveau. Les inconséquences qu'on lui reproche, mais ce sont les coups de gouvernail qu'il imprime à la barque de France pour la diriger vers les rives du bel avenir. S'il va à droite, c'est que la mer est trop démontée à gauche et qu'elle risque de faire sombrer dans un remous le précieux navire, s'il reprend la route naturelle de gauche, une fois les flots apaisés, c'est qu'il sait que l'eau dormante de droite est plus perfide, et conduit vers des récifs où le glorieux vaisseau se brisera. Il faut admirer M. Dupuy, et il faut l'aimer. Et quel penseur aussi, de vues justes et profondes : « Un grand pays comme la France ne se gouverne pas avec du pessimisme, mais avec de la volonté et de l'optimisme. L'optimisme n'a jamais exclu la prévoyance ». C'est toute la logique du Gaulois qui a de la témérité et de l'espoir, avec, aux moments de péril, la nécessaire prudence, assurant la définitive victoire.

Veille en la Nuit

VEILLE EN LA NUIT

Avenue du Maine. Du noir et du froid. Mais pas de neige. Hiver raté. Un café à l'aspect marchand de vin. Tout au fond, arrière-salle, vaste, emplie de monde. A l'entrée de cette salle, un petit bureau éclairé d'une lanterne sourde. La salle embuée de la fumée des cigarettes, archi-pleine. Figures indépendantes et franches d'artistes, mines épanouies de bourgeois, face sévères de fonctionnaires, minois rieurs et jolis de dames. Et dans l'amas, de ci de là, se silhouetant en beauté, des jeunes gens, des belles filles, costumés d'une vêture singulière, très pittoresque, et qui est le costume national des pays d'où ils viennent. — Cela, c'est la *huitième veillée de Plaisance*, fondée par un poète, un jeune, d'activité et de labeur, de libre accueil et de bon goût, Pierre Lelong. C'est une œuvre d'utilité, qu'il faut encourager, qu'il faut mettre dans un cadre plus ample, dans un logis plus confortable, afin que tous dans la cordialité d'une connaissance mutuelle, dans l'aisance de la facilité de jouir, communient d'art, d'affection et de souvenir. Dans le cas présent nous n'avons rien pu admirer ni comprendre, faute de place. Mais nous applaudissons à l'effort très noble des écrivains et artistes du Mont-Parnasse.

Lettre à la "Volonté" au sujet du plus grand Prosateur vivant

LETTRE A LA " VOLONTÉ " AU SUJET DU PLUS GRAND PROSATEUR VIVANT

MON CHER CONFRÈRE,

Je n'ai pas reçu votre circulaire. Mais je crois que mon opinion s'impose, car elle est celle du Silence, essence de contemplation, vie antérieure de la postérité. Et d'ailleurs, si le monde des sourds-muets était mieux connu, vous conviendriez sans peine, qu'entre leurs écrivains, je suis celui qui a droit d'avoir voix au chapitre. Et cette voix, je la donne à Zola simplement. D'abord, il est mon éducateur littéraire, avec Michelet, Hugo et Baudelaire. Mais surtout, il est le seul qui sache faire vivre la vie en des pages de lecture et il a été le premier qui ait voulu vivre la vie autant dans l'observation que dans l'action. Zola a droit à la royauté intellectuelle la plus large : celle d'écrivain, celle de penseur, celle de militant.

Table des Matières

TABLE DES MATIÈRES

Imp. aillard, 111, rue d'Alésia

www.ingramcontent.com/pod-product-compliance
Ingram Content Group UK Ltd.
Pitfield, Milton Keynes, MK11 3LW, UK
UKHW021936200726
13855UKWH00007B/422

9 782013 340403